Emil Angehrn

Selbst sein

Zwischen Wahrhaftigkeit und Selbstverfehlung

Meiner

Bibliographische Information der Deutschen Nationalbibliothek

Die Deutsche Nationalbibliothek verzeichnet diese Publikation in der Deutschen Nationalbibliographie ; detaillierte bibliographische Daten sind im Internet über ‹https ://portal.dnb.de› abrufbar.

ISBN 978-3-7873-4666-0
ISBN eBook 978-3-7873-4667-7

 Satz: Jens-Sören Mann. Druck und Bindung: Stückle, Ettenheim. Gedruckt auf alterungsbeständigem Werkdruckpapier, hergestellt aus 100% chlorfrei gebleichtem Zellstoff. Printed in Germany. *www.meiner.de*

Inhalt

1. Einleitung: Wahrhaftigkeit als Ideal?

(a) Vor mehr als vier Jahrzehnten verkündete ein markanter Buchtitel das »Ende der Aufrichtigkeit«.[1] Der Titel der Abhandlung von Lionel Trilling stand für eine literaturgeschichtliche Diagnose, die sich zugleich im sozial- und kulturhistorischen Kontext situierte. Sein provozierender Charakter ergab sich aus dem frontalen Gegensatz sowohl zu einem traditionellen Moralverständnis wie zum existenzphilosophischen Ethos des Eigentlichen. Dass Menschen aufrichtig – ehrlich, wahrheitsliebend – sein sollen, dass sie ursprünglich sie selbst, authentisch sein wollen, war die scheinbar unumstößliche Wahrheit, gegen die sich die Parole vom Ende der Aufrichtigkeit in Front stellte. Sie hinterfragte ein weithin geltendes Vorurteil, das den Ideen der Wahrhaftigkeit, der Integrität und Eigentlichkeit eine eminente Stellung, in gewissem Sinn einen Sonderrang jenseits der partikularen Werte und Tugenden einräumte. Um ein gutes Leben zu führen, so die herrschende Vorstellung, gilt es nicht nur gerecht zu handeln und moralischen Regeln zu folgen, sondern in alledem mit sich eins, in sich authentisch, man selbst zu sein und aus sich heraus selbstbestimmt zu handeln. Angezeigt ist in solchen Umschreibungen ein Ideal, das für den Einzelnen offenkundig keine bloße Norm oder ein äußeres Sollen darstellt, sondern im Tiefsten mit seinem eigenen Wollen, seinem innersten Bedürfnis verbunden ist. Wahrhaftig ist, wer in Übereinstimmung mit sich, mit den anderen und der Welt lebt und sich als der zeigt und verwirklicht, der er selbst in Wahrheit ist.

Und doch ist Wahrhaftigkeit kein unkontroverses, in sich feststehendes Ideal. Dass zu einem gewissen Zeitpunkt von ihrem Ende die Rede sein konnte, ist nicht nur Reflex eines temporären Verfalls oder einer kulturellen Krise. Es ist auch Symptom einer fundamentalen Zwiespältigkeit, die im Ideal selbst, im Kern des Wahrhaftigseins auszumachen ist. Der in mannigfacher Weise artikulierte Vorbehalt gegen die Verabsolutierung der Aufrichtigkeit hat seine Spitze nicht nur in deren Relativierung als Leitidee oder im Hinweis auf ihre Labilität und stets unvollkommene Realisierung. Vielmehr weist er auf einen intrinsischen Zwiespalt, auf eine ambivalente Wertung, gegebenenfalls eine dezidierte Gegenwertung im Umgang mit dem Phänomen des Wahrhaftigen. Der Vorbehalt reicht vom Zweifel, ob es überhaupt möglich sei, konsequent zwischen aufrichtig und unaufrichtig zu unterscheiden, ja ob es uns gelingen könne, restlos aufrichtig zu sein – so ein von Nietzsche artikuliertes Bedenken – , über die These, dass eine bestimmte Weise des Unaufrichtig- und Uneigentlichseins zu unserer normalen, alltäglichen Lebensform gehört – so ein Grundgedanke von Heidegger und Sartre –, bis hin zur kritischen Verwerfung eines falschen Ideals in der postmodernen Aushöhlung ethischer Leitvorstellungen der Aufklärung oder in Adornos Polemik gegen den existenzphilosophischen ›Jargon‹ der Eigentlichkeit.[2] Indessen ändern die vielfachen Vorbehalte nichts am hohen Ansehen des Wahrhaftigen. So einsichtig die Zweifel sein mögen, so grundlegend sind die Überzeugungen vom Wert persönlicher Integrität und Offenheit. Zwischen beidem herrscht ein Widerstreit, der nicht einfach nach der einen oder anderen Seite aufzulösen ist. Er ist und bleibt irritierend nicht nur für die begriffliche Reflexion, sondern ebenso als existentielle Herausforderung. Können wir, sollen wir, wollen wir schlechthin wahrhaftig sein? Ist Eigentlichkeit, Aufrichtigkeit ein uneingeschränktes Gebot, ein innerster Kern des Selbstseins, ein letzter Beweggrund unseres Wollens? Diesem Zwiespalt ist nachzugehen, seine Wurzel ist aufzuhellen, wenn wir uns über den Begriff, die ethische Geltung und den existentiellen Stellenwert der Wahrhaftigkeit verständigen wollen.

(b) Ergänzend zur ethisch-lebensweltlichen Zwiespältigkeit lassen sich zwei strukturelle Doppelseitigkeiten vermerken, die das Phänomen der Wahrhaftigkeit kennzeichnen. Wahrhaftigkeit steht zum einen sowohl für ein bestimmtes Verhalten zu anderen wie für ein bestimmtes Verhältnis zu sich selbst, und sie realisiert sich zum anderen als theoretische, kognitiv-expressive ebenso wie als praktische Haltung und Lebensform.

Nach naheliegendem Verständnis gilt Wahrhaftigkeit – Wahrheitsliebe, Ehrlichkeit, Aufrichtigkeit – in erster Linie als eine bestimmte Weise, sich zu anderen Menschen und zur Welt zu verhalten. Anderen nichts vorzumachen, niemanden zu täuschen, an wahrer Erkenntnis und offener Kommunikation interessiert zu sein macht den Grundzug eines aufrichtigen Verhaltens aus. Wer jemanden als ehrlichen Menschen bezeichnet, meint zuallererst die Art und Weise, wie er sich gegenüber anderen äußert, ihnen nichts vorenthält und in seinem Tun und Sprechen keine Täuschung provoziert. Lügen ist das direkte Gegenteil zu solchem Verhalten, doch auch die indirekten Modi des Verbergens und Verschweigens sind Weisen, sich unehrlich zu verhalten, unwahrhaftig zu sein. Auf der anderen Seite sind Dispositionen und Akte des Wahrhaftig- und Unwahrhaftigseins ebenso im Verhältnis zu uns selbst von Belang. Selbsttäuschung ist ein eigentümliches Phänomen, das sich einer konsistenten begrifflichen Beschreibung zu entziehen scheint und das doch im Alltag weit verbreitet, je nachdem im Leben von Menschen tief verwurzelt ist.[3] Dass ich mich selbst belügen, mir selbst etwas vormachen kann, scheint paradox, ja unmöglich – da ich als Subjekt der Täuschung etwas kennen muss, das mir als Opfer der Täuschung verborgen ist – und ist gleichzeitig wie ein abgründiges Rätsel, das mir in bestimmten Situationen unhintergehbar anhaftet. Doch nicht nur in der Negativversion, auch in der affirmativen Form ist der Umgang mit Wahrhaftigkeit eine essentielle Gestalt des Selbstseins und Sich-zu-sich-Verhaltens. Ich bin mehr oder weniger ehrlich, authentisch, eigentlich mir selbst gegenüber, im Umgang mit meinen Wünschen und vielleicht verdrängten Einsichten, im eigensten Erleben und in der Führung meines Lebens. In welchem Verhältnis das Wahrhaftigsein im Selbstbezug und die Aufrichtigkeit gegenüber anderen zueinander stehen, wieweit vielleicht jede Form der Ehrlichkeit zuletzt in der Offenheit gegenüber sich selbst, im inneren Authentischsein gründet, gehört zu den Fragen, die der Aufhellung bedürfen. Wenn im kulturellen Diskurs und in der historischen Analyse der Umgang mit Verhüllungen, Intrigen, Aufrichtigkeitseffekten vorrangig im Feld der zwischenmenschlichen Beziehungen und der sozialen Welt zum Thema wird, so führt die existenzphilosophische Reflexion zum Fokus der reflexiven, selbstbezüglichen Wahrhaftigkeit zurück. Sie erscheint gewissermaßen als das tiefere, existentiell virulentere Problemfeld, das zuletzt auch für die Durchdringung der sozialen Dimension des Wahrhaftigen grundlegend ist.

Die andere Doppelung ist die des theoretischen und des praktischen Verhaltens. Aufrichtig, wahrhaftig sein heißt jemandem die Wahrheit sagen, aber auch ihm gegenüber loyal und offen handeln. Auch im Selbstbezug kommt beides ins Spiel. Auf der einen Seite geht es um die Selbsttransparenz im Erkennen und Sichäußern, um das Bemühen um Selbsterkenntnis und das Sichabarbeiten an den dunklen Zonen und verdeckten Bereichen des Selbst, an der verborgenen Herkunft und den verdrängten Wünschen und Phantasien. Und es geht andererseits darum, in seinem Tun und Erleben mit sich eins zu sein, zu sich selbst zu stehen und sich als die Person zu verwirklichen, die zu sein man sich vorgenommen hat und als die man sich erfährt. Weder die reine Selbsterkenntnis noch die volle Selbstverwirklichung stehen dem Subjekt umstandslos zur Verfügung. Der kognitive wie praktische Selbstvollzug ist mit der Endlichkeit des subjektiven Fürsichseins konfrontiert, mit internen wie externen Hindernissen des Fürsichwerdens und der Begrenztheit des eigenen Könnens und Wollens. Ich kann ebenso wenig einfach beschließen, authentisch und ›eigentlich‹ ich selbst zu sein, wie einen ungetrübten Blick auf mein Innerstes zu werfen und Einsicht in das Ganze meines Seins zu erlangen. Wahrhaftigkeit ist, wie es die antike Tugendlehre für die praktischen Verhaltensdispositionen – Tapferkeit, Großzügigkeit – unterstreicht, eine Sache des Erwerbs und der Einübung. Wer sich daran gewöhnt hat, vielleicht sich bewusst dazu motiviert und erzogen hat, ehrlich und offen zu sein, wird dies in der konkreten Situation, möglicherweise unter Druck oder in einer Krise bewähren können. Dies gilt für das Aufrichtig- und Authentischsein sich selbst wie anderen gegenüber. Wie sich dabei die theoretische und praktische Seite zueinander verhalten, bleibt vertiefend zu analysieren. Einerseits scheint die kognitive Selbsterfassung Voraussetzung des wahren Ausdrucks und des konsistenten Handelns. Anderseits scheint das emotionale und voluntative Mit-sich-Einssein, die existentielle Authentiziät, das entscheidende Moment, auf das es im Wahrhaftigsein ankommt und das auch die Grundlage für eine konsequente Verständigung über sich und eine an Wahrheit orientierte Kommunikation mit anderen bildet.

(c) Schon in der ersten Annäherung zeigt sich Wahrhaftigkeit als ein komplexes, mehrschichtiges, teils schillerndes Phänomen.

Zumal nach drei Hinsichten hat eine Phänomenbeschreibung Differenzierungen vorzunehmen und ihrem Verhältnis nachzugehen. Das eine ist die Doppelung von Selbst- und Fremdverhältnis, die Verflechtung zwischen der Ehrlichkeit als zwischenmenschlicher Grundhaltung und als Bestimmung des Umgangs mit sich selbst, zwischen dem Wahrheitsinteresse als Grundlage des Erkennens und Mitteilens und der Offenheit sich selbst gegenüber. Das andere ist die Zweischichtigkeit von Erkennen und Handeln, zwischen dem Bemühen um transparente Einsicht und unverfälschten Ausdruck auf der einen Seite und der Echtheit im tätigen Lebensvollzug und sozialen Handeln auf der anderen. Beide Doppelungen überlagern sich und resultieren in vielschichtigen, komplexen Konstellationen. Als drittes steht Wahrhaftigkeit im dynamischen Gegensatz zu ihrem Anderen, zur Unehrlichkeit, Falschheit, Uneigentlichkeit. Dabei steht der Antagonismus von Wahrhaftigkeit und Unwahrhaftigkeit selbst im Zwielicht divergierender Wertungen, historisch variierender und lebensweltlich oszillierender Beschreibungen. Für eine sachhaltige Erörterung geht es darum, nicht einfach eine im Ganzen feststehende normative Geltung zu sanktionieren und das Phänomen der Wahrhaftigkeit in einseitiger Zuwendung zu seinen Äußerungen deskriptiv zu erschließen. Wahrhaftigkeit ist in ihrer Eigenart und Geltung in konstitutiver Spannung zu Erscheinungsformen des Uneigentlichen und Falschen zu vergegenwärtigen und zur Diskussion zu stellen.

(d) Um das vielschichtige Problem zu entfalten, lässt sich die folgende Analyse durch zwei Fokussierungen leiten. Sie stehen für ein leitendes Interesse der Untersuchung und setzen Gegenakzente gegen die normalerweise vorherrschende Explikation des Wahrhaftigen; zugleich stehen sie unter der heuristischen Annahme, dass sie einen Zugang zu dem eröffnen, was im Problem der Wahrhaftigkeit einen innersten Kern bildet und worum es dem Menschen im Umgang mit Wahrhaftigkeit letztlich geht.

Die eine Fokussierung liegt in der Zentrierung auf die reflexive, selbstbezügliche Wahrhaftigkeit. Im Mittelpunkt steht nicht die Wahrheitsorientierung des Erkennens und Kommunizierens, sondern das Interesse am Wahrsein des Subjekts für sich selbst. Zur Diskussion steht das authentische Selbst-Sein, die Eigentlichkeit der Existenz. In ihr liegt das Gravitationszentrum, von dem her auch der aufrichtig-offene Umgang mit anderen seinen Rückhalt gewinnt. Dieser kommt in der Entfaltung des Themenfeldes notwendig mit zur Sprache, doch bildet die innere Wahrhaftigkeit des Subjekts und der authentischen Lebensform im Ganzen den letzten Referenzpunkt.

Die andere Fokussierung geht auf die negative, defizitäre Seite des Unwahrhaftigen. Die wahre, eigentliche Existenz vollzieht sich in Auseinandersetzung mit ihrer inneren Labilität, in Gegenwehr zu Tendenzen des Verfallens und der Verfehlung. Wenn die Existenzphilosophie von der alltäglich-uneigentlichen Existenz als der ›zunächst und zumeist‹ vorherrschenden Lebensform ausgeht, so steht nicht einfach eine negative Lebensauffassung im Blick. Vielmehr geht es darum, sich über das Ziel und die Gestalt des gelingenden Lebens im Spiegel seines Scheiterns, im Ausgang vom Mangel und in Gegenwehr zum Misslingen zu verständigen. Es gehört zu den Merkmalen modernen Denkens, sich des Wahren in einem ›negativistischen‹ Zugang, ex negativo zu vergewissern. Die vielgestaltige Präsenz der Täuschung und Verzerrung in der historischen und kulturellen Realität ist das Medium einer indirekten Erschließung der Wahrheit des Menschseins.

In dieser zweifachen Fokussierung vergewissern wir uns der Wahrhaftigkeit als eines nicht nur theoretisch, sondern praktisch relevanten, existentiell virulenten Problems. Wahrhaftig zu sein versteht sich nicht von selbst. Ob und inwiefern wir überhaupt wahrhaftig sein können, ob wir wahrhaftig sein sollen, ja ob wir letztlich wahrhaftig sein wollen – all dies bedarf gleichermaßen der Aufklärung. Es ist mir nicht einfachhin klar, wieweit ich wirklich ich selbst sein und als ich selbst handeln kann, inwiefern ich wirklich ich selbst sein soll, ja ob ich wirklich ich selbst sein will. Es liegt nicht auf der Hand, worin ein aufrichtiges Handeln besteht, und es liegt nicht in unserer Verfügung, umstandslos wahrhaftig, eigentlich zu sein. Wir können uns nicht einfach dazu entscheiden, wir können es vielleicht nicht einmal ohne Weiteres wollen. Wieweit Wahrhaftigkeit die Wahrheit unseres Selbst ausmacht, steht in Frage. Dies ist das schillernde Phänomen, das aufzuklären ist.

(e) Seine Aufhellung soll in sieben Schritten geschehen. In einem ersten Hauptteil geht es darum, ein strukturelles und ideengeschichtliches Aperçu der Wahrhaftigkeit zu gewinnen. Zu verdeutlichen ist die positive Leitidee der Wahrhaftigkeit in ihrer logischen Bestimmung, ihrer ethischen Geltung und ihrer existentiellen Bedeutung (2.). Sodann ist der Begriff des Wahrhaftigen durch die negative Kontrastfolie des Unwahrhaftigen zu ergänzen, das sich in Formen des Falschen, des Unaufrichtigen und Uneigentlichen niederschlägt, die ihrerseits in ihrer normativen Valenz und ihrem lebensweltlichen Stellenwert zu erhellen sind (3.). Konkrete Gestalt gewinnt die begriffliche Bestimmung des Wahrhaftigen/Unwahrhaftigen im Horizont der beiden Doppelperspektiven von theoretischem und praktischem Verhalten, von Selbstbezug und Verhältnis zum Anderen; nicht zuletzt bildet das Verhältnis zum Anderen ein privilegiertes Gefäß zur Überwindung des Unwahrhaftigen (4).

Nach der begrifflichen Entfaltung ist das Phänomen der Wahrhaftigkeit in einem zweiten Hauptteil in seiner schillernden Geltung und existentiellen Stellung zu vergegenwärtigen. Generell geht es darum, das Spannungsverhältnis zwischen dem Wahrhaftigen und Unwahrhaftigen in beide Bestimmungen einzuzeichnen und das Problem der Wahrhaftigkeit in seiner polaren Gespanntheit, gegebenenfalls seinem inneren Zwiespalt und seiner Ambivalenz ernstzunehmen. In Frage steht die genuine Verflechtung von Negativität und Affirmativität im Umgang mit dem Wahren und Eigentlichen im menschlichen Sein (5.). Diese Verflechtung ist nach zwei Seiten zu vertiefen. Auf der einen Seite ist der Ausgang vom Negativen in der Beschreibung des Wahrhaftigen begrifflich zu verdeutlichen. Dabei ist die ›negativistische‹ Betrachtung unter den Konzepten eines methodischen und eines ontologischen Negativismus zu präzisieren, die sowohl in ihrer Differenz wie in ihrer Verflechtung zu klären sind (6.). Komplementär zum Ausgang vom Negativen interessiert der Ausblick auf das Positive: die Frage, wieweit jenseits der bloßen Kritik des Uneigentlichen (bzw. der heroischen Feier des Eigentlichen) die Figur eines wahrhaftigen Unwahrhaftigseins, eines unwahrhaftig Wahrhaftigen zu denken ist. Zu erkunden ist die Möglichkeit, wahrhaftig und eigentlich zu sein unter Bedingungen der Uneigentlichkeit und der Falschheit (7.).

2. Die Idee der Wahrhaftigkeit

Bevor wir einzelne Verwendungen und Wertungen des Wahrhaftigkeitsbegriffs zur Diskussion stellen, ist eine Bemerkung zum Wortfeld am Platz. Wir haben in der Einleitung ohne systematische Differenzierung unterschiedliche Begriffe verwendet und Themenfelder berührt – in der Annahme, dass sie irgendwie ein zusammenhängendes Thema umreißen und eine einheitliche Problemstellung anzeigen, auch wenn sie darin unterschiedliche Seiten hervorheben und differente Akzente setzen. Die begriffliche Streuung entspricht sowohl der Alltagssprache wie dem wissenschaftlichen Diskurs, welche verschiedene Termini zur Bezeichnung verwandter Phänomene ins Spiel bringen. Dazu zählen neben den Ideen der Wahrhaftigkeit und Aufrichtigkeit die Termini Ehrlichkeit, Offenheit, bona fide, guten Glaubens, Vertrauen, Echtheit, Authentizität, Integrität, Eigentlichkeit u. a. m. Eine begriffs- und wortanalytische Sondierung könnte den Entsprechungen und Abweichungen im Vokabular anderer (zumal der an einem gemeinsamen Diskurs beteiligten europäischen) Sprachen nachgehen (z. B. französisch franchise, honnêteté, sincérité, bonne foi/mauvaise foi). Erhellend wäre ebenso, wieweit die semantischen und moralischen Konnotationen in den Gegenbegriffen, Verfallsformen und Defizitbeschreibungen diversifiziert werden, schärfer oder anders hervortreten.

Inhaltlich bekräftigt das Wortfeld die angedeutete Doppelausrichtung, welche einerseits auf die nach außen gerichtete, wahrheitsorientierte Erkenntnis und Mitteilung, anderseits auf das selbstbezügliche Aufrichtig- und Authentischsein des Subjekts geht. Desgleichen kommt darin die genannte Zweischichtigkeit von theoretischen und praktischen Einstellungen und Äußerungen zum Tragen. Bei alledem variieren die sprachlichen Referenzen in der Begriffsverwendung, die sich auf bestimmte Äußerungen und Akte, aber ebenso auf subjektive Eigenschaften und Dispositionen, schließlich auf die Person selbst und ihre Lebensform beziehen kann. Wir sprechen von einer aufrichtigen Äußerung, einem ehrlichen Charakter, einem authentischen Menschen, einer eigentlichen Existenz. Für das systematisch-ideengeschichtliche Aperçu bietet es sich an, mit der positiven und auf andere bezogenen Form der Aufrichtigkeit in das Themenfeld einzusteigen. Sie entspricht der primären, klassischen Begriffsverwendung in der Diskussion um Wahrhaftigkeit.

2.1 Wahrhaftig gegen andere: Das Interesse an Wahrheit

Wahrhaftig ist, wer anderen die Wahrheit sagt beziehungsweise sagen will. Die Wahrheitsliebe, die sich im Sein und Handeln des Menschen auswirkt, ist eine moralische Grundhaltung, die eine generelle Voraussetzung des Gutseins, des richtigen Lebens bildet. In diesem Sinne bezeichnet Platon sie als Chorführerin der übrigen Tugenden (Tapferkeit, Edelsinn, Gelehrigkeit).[4] Wahrhaftig zu sein, sich und anderen nichts vorzumachen, sich vielmehr um Klarheit und Aufrichtigkeit im eigenen Wahrnehmen und Verhalten zu bemühen, ist Bedingung für ein im Ganzen sittlich werthaftes Tun. Ein verlogener Mensch kann nicht authentisch tugendhaft, großzügig oder solidarisch sein. Doch nicht nur als Grundlage anderer Tugenden, auch in sich selbst wird Aufrichtigkeit als Wert geschätzt, je nachdem als rigorose Forderung hochgehalten, als unbedingte Pflicht erfahren und verteidigt. Immanuel Kant zählt die Wahrhaftigkeit zu den Pflichten gegen sich selbst[5] und vertritt ein absolutes Lügenverbot, das auch in Notsituationen gilt.[6] Auch wenn ich jemanden dadurch gefährde, bin ich zur vorbehaltslosen Wahrheit verpflichtet. Anderswo tritt die Bedeutung kompromissloser Wahrhaftigkeit im Kontrast zur Verstrickung in eine herrschende Unwahrhaftigkeit hervor, sei es, dass diese in historischer oder lebensgeschichtlicher Färbung erscheint[7], sei es, dass sie, existenzphilosophisch generalisiert, als unentrinnbare Verfallsform der conditio humana fungiert.[8] Wer wahrhaftig und mit sich ehrlich sein will, widersetzt sich dem Diktat einer herrschenden Ideologie. Desgleichen kann der Wahrheitswille in seiner Eigengeltung, als Bestandteil menschlicher Würde, hochgehalten werden, sowohl im Blick auf den Umgang mit anderen wie auf das Verhalten zu sich selbst.[9] Wer anderen etwas vormacht, beschädigt die Echtheit seines Verhaltens und untergräbt die Möglichkeit einer authentischen Begegnung mit anderen; durch die Verlogenheit, erst recht die Selbstlüge, kann er ihnen fremd werden, in gewisser Weise seine Würde vor ihnen verlieren. Aufrichtigkeit und Echtheit erweisen sich als konstitutive Bedingungen eines integren, erfüllenden Zusammenlebens.

Wenn zwar im Ganzen die innere Integrität der Person und der ehrlich-offene Umgang mit sich selbst einen Kern und eine Grundlage der Aufrichtigkeit gegen andere bildet – womit Paul Natorp die These verbindet, dass die innere Wahrhaftigkeit im Unterschied zur äußeren eine »unbedingte, ausnahmslose Pflicht« darstellt[10] –, so lässt sich ebenso die ursprünglich zwischenmenschliche Dimension im Wahrhaftigsein betonen. Bernard Williams sondiert die Verschränkung beider Haltungen mit der genuinen Ausrichtung auf Wahrheit, die in den Grundtugenden der Genauigkeit und der Ehrlichkeit zum Tragen kommt und darauf zielt, dass zum einen die Überzeugung des Subjekts mit der Wahrheit übereinstimmt und dass zum anderen seine Aussage das von ihm Geglaubte wirklich zum Ausdruck bringt.[11] Beides geht in die Schaffung des für das Soziale wie die humane Existenz überhaupt fundamentalen Vertrauensverhältnisses ein, worin wir glauben, was andere sagen, und uns von anderen geglaubt wird und in welchem sich nicht zuletzt die Relevanz der Wahrhaftigkeit für politische Freiheit und demokratische Werte erweist.[12] Grundsätzlich kann man auf die zwischenmenschliche Beziehung als ursprünglichen Ort der Erfahrung von Wahrheit abheben, wie sie mit Nachdruck in Theorien des Dialogischen, exemplarisch bei Autoren wie Martin Buber und Emmanuel Levinas, herausgestellt wird. Nicht die Beziehung zur Sache, sondern die zum Mitmenschen, nicht die Selbstwirksamkeit der Sprache und die Unverborgenheit der Dinge, sondern die dialogische Zuwendung zu anderen Menschen erweist sich als tragende Dimension des Wahrheitsgeschehens.[13]

In alledem macht nicht nur die moralische Geltung, sondern auch die funktionale Bedeutung den Wert der Wahrhaftigkeit aus. Sie begründet mit der Wahrheitsorientierung zugleich den sozialen Kitt und die Verlässlichkeit der zwischenmenschlichen Verständigung. In diesem Sinne sieht Jürgen Habermas in der Wahrhaftigkeit eine konstitutive Bedingung des kommunikativen Austauschs, welche sicherstellt, dass der Hörer einer Äußerung davon ausgehen kann, dass der Sprecher tatsächlich eine Mitteilung an ihn richtet und dass er sich um Wahrheit bemüht. Wahrhaftigkeit ist ein Geltungsanspruch, der – zusammen mit den Prinzipien der propositionalen Wahrheit und der normativen Richtigkeit – die transzendentale Voraussetzung gelingender Verständigung bildet.[14] Von Seiten des Verstehens hat Donald Davidson diesen Zusammenhang am Nachsichtigkeitsprinzip *(principle of charity)* festgemacht, demgemäß ich, um eine Äußerung verstehen zu können, von der grundsätzlichen Unterstellung ausgehe, dass diese aufrichtig gemeint und darüber hinaus im Normalfall wahr ist.[15]

Nun ist, wenn wir den Raum der Wahrhaftigkeit im menschlichen Leben erkunden wollen, nach zwei Hinsichten über die bisherige Beschreibung hinauszugehen. Einerseits ist der Status der Wahrhaftigkeit als positive Leitidee zu präzisieren, andererseits das Relat der Rede vom Wahrhaftigen zu differenzieren. Auf der einen Seite fungiert die Wahrhaftigkeit als affirmative Größe nicht nur dort, wo sie als moralisches Ideal und unbedingte Pflicht ins Spiel kommt. Wahrhaftigkeit ist auch Gegenstand des Wollens, Kern eines ursprünglichen Verlangens nach Integrität und vollem Selbstsein. Wahrhaftig zu sein bedeutet nicht nur die Übereinstimmung mit einer Norm, ein Gesolltes, und auch nicht nur ein funktionales Erfordernis gelingender Kommunikation, sondern ebenso und grundlegender ein Erstrebtes und Gewolltes, idealiter eine lebensweltliche Erfüllung, ein Moment des guten Lebens. Auf der anderen Seite ist festzuhalten, dass sie nicht nur die einzelne Äußerung und ihre kommunikationstheoretischen Prämissen betrifft. Wahrhaftig – ehrlich, aufrichtig – nennen wir nicht nur die Rede, sondern ebenso die Person. Wahrhaftigkeit ist eine Eigenschaft des Akts, aber auch des Charakters und der Lebensform, ein affirmatives Moment, das ein bestimmtes Verhalten, aber auch das Sein eines Menschen auszeichnet. Wir achten aufrichtige, offene Menschen nicht nur für ihr korrektes Handeln und Kommunizieren, wir nehmen ihr Dasein an ihm selbst als ein gelingendes, glückliches Leben wahr. Dies bedeutet schließlich, dass Wahrhaftigkeit als eine Grundhaltung in den Blick kommt, die nicht nur unsere Beziehung zu anderen, sondern unseren Bezug zu uns selbst betrifft. Wahrhaftig sind wir – auch und vorab – im Umgang mit uns selbst und für uns selbst. Es bleibt zu sehen, wie beide Seiten zusammenspielen und worin das aufrichtige Für-sich-Sein des Menschen besteht.

2.2 Wahrhaftig mit sich selbst: Facetten der Eigentlichkeit

Mit sich und für sich selbst wahrhaftig zu sein entspricht einer verbreiteten Vorstellung vom richtigen, eigentlichen Leben. Die Idee der inneren Wahrhaftigkeit ist eine basale Wertvorstellung. Dass wir ein ehrliches Leben führen, dass wir aufrichtig gegen uns selbst sind, uns keine falschen Bilder von uns machen, nicht gegen unsere wahren Bedürfnisse handeln – dies sind Vorstellungen davon, wie wir im Einklang mit uns, im Idealfall glücklich leben. Es sind Wertvorstellungen, die – analog zur Aufrichtigkeit gegen andere – die Zweiheit von Sollen und Wollen übergreifen, als moralische Pflicht und existentielles Bedürfnis gleichermaßen erfahren werden, wobei die Komponente des eigenen Wollens in der selbstbezüglichen Wahrhaftigkeit noch deutlicher hervortritt. Mit sich eins zu sein, kann geradezu als ein tiefes Verlangen erfahren werden, als ein Streben nach Authentizität, nach einem wirklichen, erfüllten Selbst-Sein, nach einer unverhüllten Selbstpräsenz im eigenen Tun und Erleben. Doch können sich auch Konnotationen eines genuinen Sollens mit dieser Idee verbinden und als Forderungen an das Selbst erfahren werden. Die Abwehr der Selbstlüge und des Sichverlierens im Diffusen und Beliebigen artikuliert einen Maßstab, der dem Selbst nicht äußerlich ist. Treu zu sich selbst zu sein, sich zu erkennen, seinem Gewissen und seiner inneren Natur zu folgen sind Leitvorstellungen, die seit Sokrates als Werte hochgehalten werden und in der Moderne in profilierten Gestalten ausformuliert worden sind.[16] Wir achten Menschen ob ihrer inneren Stimmigkeit und authentischen Lebensweise. Gleichwohl ist die Geltung solcher Ideale nicht einfach vorgegeben und kategorisch feststehend. Es muss nicht umstandslos einleuchten, dass wir notwendig wir selbst sein, unser wahres Wesen verwirklichen, mit uns im Einklang sein sollen – und nicht mit unserer Identität spielen, in Zerstreuung und Zwiespalt leben, die eigene Bestimmung in radikaler Freiheit wählen und abändern dürfen. Wieso sollen wir nicht unwahrhaftig, uneigentlich, unernst sein dürfen, wieso kann nicht der ungebundenexperimentierende Umgang mit uns als Form höheren Selbstseins vollzogen werden?

Offenkundig hängt die normative Geltung der unterschiedlichen Gestalten und Umschreibungen des Wahrhaftigen mit ihrer inhaltlichen Spezifizierung zusammen. Die Frage nach dem Wert der inneren Wahrhaftigkeit weist auf die Frage zurück, worin das Wahrhaftig-Sein des Subjekts für sich selbst besteht. Mit dem Wort verbindet sich ein Vorstellungskomplex, in den mehrere der eingangs genannten Begriffe eingehen. Als ein dominanter Terminus dient in der theoretischen wie alltagssprachlichen Diskussion oft der Begriff der Eigentlichkeit. Er ist durch die Philosophie Heideggers prominent, teils auch strittig geworden, doch geht seine Resonanz weit über den existenzphilosophischen Diskurs hinaus. Wir können versuchen, unterschiedliche Schwerpunkte in dem, was mit dem Begriff angesprochen ist und was mit ihm assoziiert wird, auszumachen. Vier leitende Aspekte seien genannt: (a) Das Eigentliche hat zunächst, strukturell, mit dem Eigenen im Gegensatz zum Fremden zu tun. Mit ihm verknüpft sich eine emphatische Idee des unvertretbaren Selbst-Seins. (b) Zum zweiten ist die Idee der Eigentlichkeit, prozessual, mit den Vorstellungen der Selbstfindung, der Selbstwahl, des Selbstausdrucks und der Selbstschaffung verbunden. Es sind Aspekte dessen, was das Selbst-Sein als Vollzug und tätige Lebensform ausmacht.[17] (c) Mit der Selbstwerdung sind Leitideen der Selbstheit und Identität verbunden, die begriffsgeschichtlich in einem weiteren Horizont entfaltet werden, doch in signifikanter Weise Aspekte subjektiver Wahrhaftigkeit formulieren lassen. (d) Schließlich verweist die Idee des Aufrichtig- und Eigentlichseins, als Zielwert, auf Vorstellungen der Einheit mit sich, des Wirklichseins und der gelingenden Existenz.

(a) *Das Eigene und das Fremde: Das unvertretbare Selbst*

Eigentlich sein heißt man selbst sein. Es heißt, wirklich die Person sein, die man ist, als die man sich gegeben ist und als die man sich erfährt. Es heißt, sich nicht aus seiner Identität herauswinden, nicht in die Rolle eines anderen schlüpfen, nicht ein falsches Bild von sich konstruieren und sich und anderen eine fiktive Identität vorspielen. Eigentlich lebt, wer mit dem lebt, was ihm zu eigen und was sein Eigenstes ist. In stringentester, basalster Weise heißt Eigentlichsein für ein Subjekt, es selbst zu sein und als das Selbst, das es ist, sein und leben zu wollen. Das Gegenteil ist eine Seinsverfassung, wie sie Kierkegaard unter dem Titel der Verzweiflung als das Verlangen charakterisiert hat, nicht man selbst zu sein, ja sich selbst los werden zu wollen.[18]

Wahrhaftig-Sein als Selbst-Sein beinhaltet Unterschiedliches. Es kann heißen, bewusst als das unvertretbare, singuläre Individuum zu leben, als das man sich je schon gegeben ist, als das man bisher gelebt und sich definiert hat. Es kann auch heißen, in Übereinstimmung mit seiner Wesensnatur, mit seinen angeborenen Eigenschaften und erworbenen Charakterzügen, seiner sozialen und geschichtlichen Prägung sein Leben zu führen. Solche Figuren des eigentlichen Selbst provozieren die zweifache kritische Rückfrage, ob es für das Individuum möglich, aber auch notwendig und geboten ist, in stringenter Weise es selbst zu sein und sich selbst zu verwirklichen. Radikaler gefasst, ist es der Zweifel, ob es überhaupt ein feststehendes Selbst, eine vorgegebene Wesensbestimmung gibt, an welcher das Subjekt in seinem Eigentlichsein sich ausrichten kann. Es ist mit anderen Worten auch die Frage, ob ein Ideal der Eigentlichkeit ohne Wesensidee, ohne essentialistische Prämissen ausformuliert werden kann. Gewichtige Einwände gegen eine philosophische Eigentlichkeitslehre oder eine auf Authentizität rekurrierende Entfremdungskritik richten sich gegen metaphysische Voraussetzungen der beanspruchten Leitideen.[19] Sogar die gegenläufige These der Unaufrichtigkeit, der *mauvaise foi*, als einer normalen Lebensform des Alltags kann im Blick auf die darin ex negativo unterstellte Norm eines festen Wesens problematisiert werden.[20]

Im Ganzen kommt mit der Rückbindung der Wahrhaftigkeit an die Natur und Bedingtheit des Subjekts die Freiheitsproblematik ins Spiel. Eigentlich zu leben kann nicht einfach darin bestehen, das Selbst in seiner Vorgegebenheit anzunehmen und zu verwirklichen. Es verlangt eine willentliche Zustimmung, idealiter ein Sich-Orientieren im Raum der Möglichkeiten und freies Sich-Entscheiden für bestimmte Optionen und Lebenswege. Nur auf diese Weise gelangt der Mensch in ein bewusstes Selbstverhältnis, in welchem er sich in seinem Sein erschließt und den Weg zu einer authentischen Seinsart öffnet. Mit Nachdruck hat Martin Heidegger diesen Zugang beschrieben, der dem Subjekt durch »das Freisein *für* das eigenste Seinkönnen«, d. h. »das Freisein *für* die Freiheit des Sich-selbst-wählens und -ergreifens« und für »die Eigentlichkeit seines Seins«, gewährt wird.[21] Darin liegt, dass ein Verfehlen des Wahrhaftig-Seins nicht primär in einer falschen (ideologischen, wesensfremden) inhaltlichen Festlegung, sondern im Unterlaufen der Freiheitsdimension als solcher besteht. Wenn dieses Unterlaufen eine Seinsart bezeichnet, in welcher das Dasein sich nach Heidegger »zunächst und zumeist«[22] aufhält, so manifestiert sich darin umgekehrt die hohe Bedeutung, die der Freiheit als einer aktiven, konstituierenden Lebensform des Menschen zukommt. Eigentlichkeit ist kein Vorgegeben-Daseiendes und keine bloße Potentialität, sondern ein Modus des aktualen, tätigen Seins des Menschen, eine Form des Vollzugs der Existenz.

In diesem Vollzug realisiert sich das ›eigentliche‹ Sein des Menschen, sofern er darin seine eigene Existenz führt, sein eigenes Selbst bekräftigt. Heidegger und Jaspers betonen diesen Gedanken gleichermaßen. Nach Heidegger liegt das Wesen des Menschen nicht in einem »sachhaltigen Was«, sondern darin, dass er »je sein Sein als seiniges zu sein hat«.[23] Für Jaspers ist die Tatsache, dass der Mensch »er selbst sein will«, der Nukleus seines aktiven Selbstseins, auch wenn in seinem Aus-sich-Kommen, Sich-um-sich-Kümmern und Auf-sich-Gerichtetsein keine Gewähr dafür liegt, dass er in seinem Tun und Erleben tatsächlich zu sich kommt, sich findet und nicht vielmehr »sich ausbleibt«. Ein »bleibendes Sichausbleiben« und Sichverfehlen wäre nach Jaspers »Verzweiflung«, auch wenn »keinem Menschen« je »seine *Möglichkeit* schlechthin«, auf die sein Freisein und Sichwollen gerichtet bleiben, erlischt.[24] Wie Heidegger, sieht Jaspers im Selbstsein und Selbst-sein-Wollen aus dem Grund des Freiseins das Herzstück der Eigentlichkeit.

(b) *Selbsterschließung, Selbstausdruck, Selbsterschaffung*

Was die Seinsweise der Eigentlichkeit beinhaltet, lässt sich konkreter ausführen, wenn wir den reflexiven Prozess des Selbstseins und Selbstwerdens in seinen Phasen und Facetten verdeutlichen. Wir können darin vier Knotenpunkte ausmachen: die Selbstwahl, die Selbsterschließung, den Selbstausdruck und die Selbsterschaffung.

(b1) Das erste Moment, das direkt an das Vorausgehende anschließt, ist die Selbstwahl. Sie meint, dass ich selbst bestimme, wer ich bin und was ich bin. Ich bin nicht einfach ein vorgegebenes Individuum unter anderen, durch meinen Ort im Raum der mannigfachen Seienden als unverwechselbares Wesen definiert. Ich selbst setze mich als unvertretbaren Einzelnen, der sich von anderen unterscheidet, als ein Ich, das sich zu sich, zu anderen und zur Welt verhält, als mich selbst. Die Individuation des Selbst ist nicht eine ontologisch vorgegebene (wie die externe Unterschiedenheit und Abzählbarkeit von Gegenständen einer Art), sondern eine reflexiv vollzogene. Heidegger bezeichnet den existentiellen Grundsachverhalt, dass ich in diesem Vollzug ebenso wenig wie in meinen Entscheidungen und Äußerungen durch andere ersetzbar bin, mit dem Titel der »Jemeinigkeit«.[25] Doch nicht nur die Individuation – die Frage, wer ich bin –, auch die inhaltliche Bestimmung, wie und was ich bin und sein soll, ist Sache der Entscheidung und liegt »an mir selbst«.[26] Nicht objektive Tatbestände, die immer partikular und kontingent sind, sondern die radikale Wahl bildet den Grund unseres Seins. Vincent Descombes ersetzt mit Erikson die abgründige Existenzfrage Hamlets »Sein oder nicht sein?« durch die subjektbezogene Alternative »selbst sein oder nicht selbst sein«: Die so formulierte Frage steht für die »radikale Wahl im existentiellen Sinn«, die in Identitätskrisen in Frage steht und »das Ganze der Existenz des Subjekts zum Einsatz bringt«.[27] Sie steht nach Descombes nicht nur für ein existenzphilosophisches Grundprinzip, sondern zugleich ein historisches Faktum: die Tatsache, dass eine moderne Identität nicht mehr durch soziale Zugehörigkeit bestimmt wird – wie in der Welt Homers die Frage nach dem Wer durch Angabe des Namens und der Herkunft beantwortet werden kann –, sondern in einer »radikalen Selbstwahl«, einer reflexiven Selbstdefinition und Selbstinterpretation gründet. Diese Interpretation, so Descombes in Anknüpfung an Tugendhat, hat ihre Pointe nicht in einer theoretischen Selbsterkenntnis, sondern in der praktischen Frage, wer ich sein will und was ich tun soll, und sie entfaltet sich gemäß der Rhetorik, in welcher Hamlet in Wittenberg gebildet wurde, nach der Logik einer *quaestio infinita*, d.h. nicht einfach als Wahl einer bestimmten Identität oder eines bestimmten Handlungsziels innerhalb eines vorgegebenen Spektrums, sondern als allgemeine, offen-unbestimmte Frage nach dem Was und dem Wohin unseres Wollens und Seins.[28] Das Resultat ist eine Selbst-Identifizierung, die das Subjekt als es selbst, als Original in seiner Nicht-Austauschbarkeit, Nicht-Kopierbarkeit statuiert.[29] Eigentlichkeit verweist auf die Konnotation des »es selbst« als Kernbestimmung, die in vielen Applikationen und Abwandlungen in die Bedeutung des Begriffs hineinspielt.

(b2) Das zweite Moment der Eigentlichkeit ist die Selbsterschließung. Es ist mit dem ersten, der Selbstsetzung und Selbstwahl, auf Engste verbunden, gewissermaßen gleichursprünglich. In der Selbstbestimmung wird das Subjekt sich selbst zugänglich; die Selbsterschlossenheit geht der Selbstwahl voraus und baut zugleich auf ihr auf. Die Verschränkung beider äußert sich darin, dass die Selbstwahl keine beliebige Setzung, sondern eine bekräftigende Offenlegung des Originals, eine Manifestation des Selbst ist. Im Anschluss an Herder legt Charles Taylor die im Ideal der Authentizität gelegene Aufforderung frei, selbst herauszufinden, welches die je »eigene originelle Daseinsweise ist«, das heißt für jeden Einzelnen, ausfindig zu machen, »was es heißt, er selbst zu sein«.[30] Selbstentdeckung, Selbstausdruck, Selbsterschaffung durchdringen sich im authentischen Existenzvollzug. Ausgehend von der primitiven Selbstgegenwart, in der sich das Subjekt in seinem leiblichen Dasein je schon gegeben ist,[31] gewinnt es in seinem Verhalten und Wahrnehmen differenzierte Weisen, sich selbst präsent und fassbar zu werden. Sich gegenwärtig zu sein ist ein konstitutives Moment des eigentlichen Daseins. Wer sich abwesend ist, wer für sich unfassbar, diffus oder verborgen ist, wird schwerlich authentisch und aufrichtig für sich und gegenüber anderen sein können. Dabei geht es um mehr als das pure Gegenwärtigsein. Mit der Eigentlichkeit durchdringen sich Modi der Selbsterkenntnis, in denen ich mir als Person, in meinem Menschsein, in meinem Befinden, in meinem Wollen und Agieren gegenübertrete. Die Selbsterschlossenheit ist nach Heidegger eine fundamentale Bestimmung der Existenz, in welcher der Mensch seiner Bedingtheit wie seines Offenseins auf Möglichkeiten hin gewahr wird. Umgekehrt gehen Verfallsformen der Uneigentlichkeit mit Verdunkelungen, Verschließungen und

Selbstverhüllungen einher. Die seins- und handlungsmäßige Intensivierung, die mit den Begriffen des Authentisch- und Eigentlichseins angezeigt wird, ist gleichermaßen eine im Kognitiven. Sie markiert ein Hellwerden der Existenz für sich, ein Zugänglichwerden des Lebens und der Welt für das Subjekt.

Unter verschiedenen Facetten arbeitet Rahel Jaeggi die »Selbstzugänglichkeit« als entscheidendes Moment eines authentischen Selbstseins heraus.[32] Wird dieses negativistisch als Gegenmacht zur Fremdheit und Selbstentfremdung gedacht, so geht es einer gelingenden Lebensführung darum, dass »mein Selbstbild, mein Selbstverständnis und die damit zusammenhängenden Wünsche und Projekte so wirken, dass ich mir in ihnen selbst *zugänglich* bin bzw. bleibe und auf ihrer Grundlage frei agieren kann«.[33] Sich in seinem Tun und Wollen, aber auch in seinen Emotionen zugänglich zu sein heißt Beweglichkeit im Fühlen und Agieren zu gewinnen, Verschlossenheit und Starrheiten im Erleben und Verhalten zu überwinden, Blockierungen und Verdrängungen aufzulösen. Nicht nur kognitive Schranken, sondern Funktionsstörungen des Erlebens und Wollens sind im Spiel, die unseren Umgang mit uns und anderen behindern und unsere Identifikation mit dem eigenen Tun und Wünschen, unsere Anteilnahme am eigenen Leben defizitär werden lassen. Selbstentfremdung steht für die »unzureichende Macht und fehlende Präsenz in dem, was man tut«; nicht-entfremdet lebt man, wenn man sich sein Dasein in seiner Herkunft und Gerichtetheit aneignen kann und sich selbst in dem, was man tut und fühlt, zugänglich wird.[34] Solche Selbstzugänglichkeit kann im Erleben und Handeln, aber auch in spezifischen Sprechakten, in Besinnung, Bekenntnis, Selbstausdruck vollzogen werden und für das Subjekt Gestalt annehmen. Die Beichte und das psychoanalytische Gespräch, aber auch Formen der autobiographischen Erzählung und Konfession sind exemplarische Weisen solcher Artikulation, die jenseits des bloßen Mitteilens als Medien des Zusichkommens dienen, Formen der Selbsterkenntnis und Selbstdarstellung, die idealiter als Zugang zur Eigentlichkeit fungieren können.

(b3) In solchen Gestalten liegt die Pointe der Selbstzugänglichkeit nicht im kognitiven Gehalt und der objektiven Darstellung dessen, was ein Mensch ist, sondern im expressiven Akt des Subjekts. Sie stehen für Vollzüge, in denen das Subjekt sich selbst gegenwärtig wird, in denen es sich selbst äußert, sein Selbst bekräftigt. Der Selbstausdruck ist ein privilegierter Modus des Fürsichwerdens und Selbstseins. Charles Taylor hat mit Herder den Hegel'schen Grundgedanken betont, dass das lebendige Sein des Menschen seinen originären Ort in den Vollzügen der Äußerung und Selbstvergegenwärtigung besitzt. Die Wahrheit des Selbst liegt nicht in einem Inneren, sondern in der äußeren Verwirklichung, entsprechend dem prominenten Diktum in der Vorrede zur *Phänomenologie des Geistes*: »Die Kraft des Geistes ist nur so groß als ihre Äußerung, seine Tiefe nur so tief, als er in seiner Auslegung sich auszubreiten und sich zu verlieren getraut.«[35] In der nachhegelschen Traditionslinie, die Taylor als »Expressivismus« zu den Entwicklungsstadien des modernen Selbst zählt[36] und die in das phänomenologisch-existenzphilosophische Denken eingegangen ist, wird die enge Verschränkung von Sein und Ausdruck herausgestellt. In ihr wird ein auf Aristoteles zurückgehender Gedanke konkretisiert, dem zufolge das Wesentliche für das menschliche Dasein nicht im Verfügen über eine Fähigkeit oder Möglichkeit, sondern in deren Realisierung besteht, in der aktualen Verwirklichung dessen, was im Subjekt als Potenz angelegt ist: »Wir sind insofern als wir tätig sind, nämlich leben und handeln«.[37] Dies gilt für die einzelne Tugend – tapfer, großzügig, ehrlich, treu sein – , deren Wert nicht im An-sich-tugendhaft-Sein, sondern in der tätigen Ausübung liegt, wie für das Leben insgesamt. Die Priorität des Akts und des Werks liegt der Bedeutung des Ausdrucks für das Eigentlichsein des Menschen zugrunde. Authentisch und wahrhaftig zu sein erschöpft sich nicht in einer Seinsweise der Innerlichkeit, sondern geht nach außen, zeigt sich anderen, lässt das Subjekt in seinem Werk und seiner weltlichen Existenz sich selbst begegnen.

(b4) Darin bestätigt sich, dass die Artikulation ein Inneres – Meinungen, Wünsche, Präferenzen, Selbstbilder – nicht nur nach außen, ins Sichtbare und Hörbare, bringt, sondern auch erschafft und gestaltet, für das Subjekt real werden lässt. Auf den Wegen und Verstrickungen der Selbsterschließung und Selbstdeutung wird sich der Mensch nicht nur zugänglich, sondern gewinnt er Gestalt für sich und für andere, *wird* er zu dem, der er ist. Der Selbstausdruck ist Teil der Arbeit an sich selbst, als welche persönliches Dasein immer auch vollzogen wird. Selbstverständigung ist mehr als eine rezeptive Sondierung und klärende Erkenntnis. Sie ist als deutende Auslegung eine kreative Hervorbringung, das Selbst ist ein Interpretationskonstrukt.[38] Mit sich ins Reine zu kommen, in tastenden Selbsterkundungen, wie es Richard Rorty beschreibt, an sich »herumzumodeln«[39], sich zu suchen, experimentierend festzulegen und zu verändern – all dies sind Vollzüge, in denen Selbstsuche, Entdeckung und Selbsterschaffung sich ablösen und durchdringen. Es sind Prozesse, in denen das Subjekt Fremdheiten überwindet und zu sich kommt, sein Eigenes findet, gegebenenfalls aus Zerstreuung und Entfremdung zur Eigentlichkeit seines Lebens strebt. Dass diese nicht einfach vorgefunden und aufgedeckt, sondern erworben und aktiv gebildet wird, kann in unterschiedlichen Modalitäten der Fall sein, in der Gestaltung des persönlichen Verhaltens, im Stil der individuellen Lebensführung, in der narrativen Konstruktion des Lebenslaufs. Charles Taylor betont mit Nachdruck, dass die Authentizität, die zum Kennzeichen moderner Identität geworden ist, in einem Junktim von Entdeckung, Schöpfung und Originalität gründet, deren Kern nicht auf der abschüssigen Bahn eines Subjektivismus der Inhalte und Ziele, welche beliebig sein können, festzumachen ist, sondern in der Eigenständigkeit der subjektiven Formgebung bei der konstruktiven Gestaltung der Identität.[40] Im Ganzen steht der Bogen von Selbstwahl, Selbsterschließung, Selbstäußerung und Selbstkonstruktion für den Prozess, in dem sich die Eigentlichkeit des Daseins kristallisiert und das Subjekt sich der Frage »Wer bin ich?« stellt und sie existentiell beantwortet.

(c) *Selbstsein und Identität*

Die unterschiedlichen Aspekte der Selbstwerdung berühren sich mit zwei weiteren Leitideen, die in der Frage nach dem Wahrhaftigen und Eigentlichen oftmals ins Spiel kommen: der Idee des personalen Selbst und dem Begriff der Identität. Beide sind im Vorausgehenden kursorisch zur Sprache gekommen. Es bleibt, sie konzeptuell zu verdeutlichen, um ihr Verhältnis zur Frage des subjektiven Wahrhaftigseins genauer zu fassen. Beide Begriffe stehen in einer Begriffsgeschichte, die sich in einem weiteren, ontologischen Horizont entfaltet und zugleich subjektivitätstheoretisch relevante Gesichtspunkte artikuliert. Dabei rücken unterschiedliche Bedeutungen in den Vordergrund.

(c1) Auf der einen Seite haben wir mit dem Wort ›selbst‹ zu tun, das noch vorgängig zu seiner modernen Substantivierung (›Selbst‹ als Synonym für Subjekt) in zweifacher Weise im Horizont des Subjektdenkens zentrale Momente hervorhebt: die Unvertretbarkeit und die Reflexivität.

Der Mensch, der sein Leben in wahrhaftiger, eigentlicher Weise führt, tut dies in eigener Zuständigkeit und Verantwortung, als er selbst, nicht vertreten durch andere und nicht ersatzweise für andere. Diese Seite des Selbst-Handelns und Selbst-Lebens gehört zu den fundamentalen anthropologischen, aber auch rechtlich-moralischen Auszeichnungen der persönlichen Existenz. Es kann für die ethische Schuldfrage wie die juristische Haftung von Belang sein, ob und wieweit ich eine Handlung wirklich selbst (oder mit verminderter Bewusstheit, durch fremde Manipulation) vollzogen habe. Selbstheit hat mit der oben genannten Betonung des Eigenen im Gegensatz zum Fremden zu tun, geht aber darüber hinaus bzw. dahinter zurück: Es geht ihr weniger um die Zugehörigkeit von etwas zu mir als um das Herkommen aus mir, das Gemachtsein und Verantwortetsein durch mich selbst. Wir können darin einen Anklang der platonischen Umschreibung der Idee als des wahrhaft Seienden vernehmen: das Schöne selbst, das Gute selbst figurieren als reine Verkörperungen und volle Präsenz des mit dem Wort Angesprochenen im Gegensatz zu dessen sinnlichem Abbild oder seiner defizitären Verfallsform (den schönen oder guten Dingen). Mit verwandten Konnotationen ist das wahre Selbstsein des Menschen versehen. Authentisch, eigentlich, wahrhaftig lebt und äußert sich, wer dies von sich her, aus sich heraus tut und darin sich selbst offenbart und in seiner Eigenart verwirklicht.

Die andere, in unserem Kontext einschlägige Konnotation des ›selbst‹ ist die der Selbstbezüglichkeit, wie sie in ungezählten Komposita – von der Selbsterkenntnis und Selbstbestimmung zur Selbstsorge und Selbstdarstellung – zum Tragen kommt. Sie geht strukturell in die im Vorigen benannten prozessualen Vollzugsarten des Selbst ein und bildet darin ein Herzstück des Wahrhaftigseins des Subjekts. Dessen wahres, eigentliches Sein ist nicht an einem zugrundeliegenden Bestand – einer Wesensnatur, einer Eigenart, einer ethischen Disposition – festzumachen, sondern findet in einem Vollzug des Selbst-Seins statt, der sich als reflexiver Akt des theoretischen und praktischen Suchens und Hervorbringens, Bewahrens und Gestaltens realisiert. In diesen Vollzügen konkretisiert sich, in welcher Weise Wahrhaftigkeit in Innersten mit einem verbal gefassten Selbst-Sein verflochten ist.

(c2) In solcher Tätigkeit bildet und bewahrt sich die Identität des Subjekts. Der Identitätsbegriff, der im Vorausgehenden unter verschiedenen Abschattungen ins Spiel gekommen ist, bietet sich von seiner Wortbedeutung her als Interpretament für Grundzüge des wahrhaftigen Seins von Menschen an: als Gegenbegriff zur Diffusion, zum Zerfall, zur inneren Vielfalt und Zerstreuung des Ich. Der Begriff hat seit den Siebzigerjahren – in denen auch die Krise der Aufrichtigkeit virulent geworden ist – eine bemerkenswerte sozialwissenschaftliche Konjunktur erfahren, in gewisser Weise als Substitutbegriff für klassische Probleme der Subjektivitätsphilosophie, ist allerdings ob seiner Vieldeutigkeit nicht ohne Kritik geblieben. Indessen scheint er mir ungeachtet der zeitgeistkritischen Vorbehalte für unsere Themenstellung sachhaltig und sinnvoll auf Fragen der Wahrhaftigkeit anwendbar, wobei ich mich weniger an psychologischen und soziologischen als an logischen Begriffsverwendungen orientiere.[41]

Als Grundraster kann die formale Unterscheidung dreier Begriffsverwendungen dienen, der Identität als numerischer Identität, als qualitativer Identität und als Selbigkeit. Es ist eine formale Differenzierung, die sich ebenso für die Beschreibung personaler und sozialer Identität heranziehen lässt und wichtige Bestimmungen der Eigentlichkeit und Wahrhaftigkeit zu formulieren erlaubt.

Nach der ersten Begriffsverwendung geht es darum, etwas zu ›identifizieren‹ (wobei der Begriff ohne weitere Qualifizierung verwendet wird), d.h. anzugeben, wer unter allen, welches Exemplar unter anderen gemeint oder gesucht ist. Bekannt ist die Fragerichtung im verwaltungsmäßigen oder kriminalistischen Kontext, wenn es darum geht, die Identität einer Person, eines Täters festzustellen (durch Angabe eines Namens, einer Ausweisnummer). Allgemeiner entspricht diesem identifizierenden Hervorheben des Einzelnen in der Philosophie das Individuationsproblem, d.h. die Frage danach, was ein Einzelnes zu einem solchen macht oder eine

Person unter anderen ihresgleichen auszeichnet. Während bei körperlichen Gegenständen das *principium individuationis* etwa an der raum-zeitlichen Lokalisierung oder an der nicht-wiederholbaren Kombination von Eigenschaften oder materiellen Bestandteilen festgemacht wird, geht die Pointe der Individuation mit Bezug auf Subjekte dahin, dass diese sich selbst gegen andere abgrenzen und von ihresgleichen unterscheiden. Der Mensch ist nicht einfach als ein Einzelner unter anderen vorhanden. Er setzt sich selbst als ein ›individuum‹, das nach der klassischen Definition Ciceros *indivisum in se et divisum ab omnio alio*, ungeteilt in sich und unterschieden von jedem anderen, ist. Die Identität des Menschen liegt nach dieser ersten Lesart in seiner unverwechselbaren Singularität. Dass diese zum Bedeutungsraum der Eigentlichkeit und des authentischen Selbstseins gehört, ist nach normalem Wortverständnis offenkundig.

Nach der zweiten Begriffsverwendung geht es darum, eine Sache oder eine Person ›als etwas‹ oder ›als eine so und so bestimmte‹ zu identifizieren. Es ist die im sozialpsychologischen und alltäglichen Gebrauch verbreitetste Wortverwendung, wobei die so umrissene qualitative Identität ganz verschieden spezifiziert werden kann – als geschlechtliche, nationale, historische, kulturelle, berufliche, ethnische etc. Identität. Im Spiel ist eine Zugehörigkeit und qualifizierende Zuschreibung, die für das Individuum oft selbstverständlich ist, je nach Umständen aber auch problematisch werden kann; sie kann Gegenstand des Stolzes wie der Scham, des Neids wie der Missachtung sein. Sie kann in transitiver und reflexiver Attribution zum Thema werden, Inhalt einer wertenden Fremdzuschreibung oder eines selbstbezüglichen Sich-als-etwas-Identifizierens sein. Es liegt auf der Hand, dass die solcherart qualifizierende Identität für die Frage von Wahrhaftigkeit und Unwahrhaftigkeit, die Spanne zwischen authentischer Äußerung und simulierender Verbergung von unmittelbarem Belang ist. Ob ich mich eigentlich und aufrichtig verhalte, ist manifesterweise mit der Frage, wie und als was ich mich verstehe – oder von anderen wahrgenommen werde –, in engster Weise verflochten.

Nach der dritten Bedeutung steht die Identität im Wortsinn des Prädikats ›identisch‹ zur Diskussion. Es geht im Falle der reflexiv-personalen Verwendung darum, wieweit jemand mit sich selbst identisch, derselbe/dieselbe ist. Identität im Wortsinn der Selbigkeit oder Nämlichkeit[42] ist im lebensweltlichen Horizont mehrfach relevant, in engster Weise in moralisch-rechtlichen Zusammenhängen, wenn es etwa darum geht, jemanden für weit zurückliegende Taten haftbar machen, eine alte Schuld zu übernehmen oder eine falsche Anklage abzuwehren. Im weiteren Horizont ist sie für die eigene Identität in unterschiedlichen Rollen, in verschiedenen Lebenssituationen oder im Lauf der Zeit konstitutiv. Ich kann mich fragen, ob und wieweit ich noch derselbe bin, als der ich als Kind mein Leben vor mir hatte, als Jugendlicher Hoffnungen gehegt, Zukunftspläne geschmiedet oder Enttäuschungen durchlebt habe. In formaler Applikation ist die Selbigkeit für die Frage der personalen Identität relevant, die in der Identität zu verschiedenen Zeiten und unter variierenden Umständen ein Basiskriterium hat. In konkreterer, inhaltlicher Weise geht sie in die biographische und historische Identität einer Person ein und wirft das Problem auf, wieweit ich in der Erinnerung mit mir selbst und meiner eigenen Geschichte zu tun habe. In einem vollen Sinn bedeutet lebensweltliche Erinnerung, sich selbst in seiner Vergangenheit gegenwärtig, wirklich zu werden. Offensichtlich haben auch die negativen Figuren der Selbstzerstreuung und des Identitätsverlusts vielfach mit der fragilen, ungesicherten Selbigkeit in der Zeit zu tun. Es ist offenkundig, dass das Problem des Identischseins-mit-sich und der temporalen Kontinuität für die Frage des Authentisch- und Wahrhaftigseins unmittelbare Folgen hat. Keiner ist authentisch im Augenblick allein. Wahrhaftig zu sein, so hat sich gezeigt, verlangt, sich selbst treu zu sein, in seinem Handeln kohärent zu agieren, in seinem Erleben mit sich eins zu sein und für seine Mitmenschen derjenige zu bleiben, als der man ihnen früher entgegengetreten ist und sich ihnen offenbart hat.

(d) *Einheit mit sich, Wirklichsein, erfüllte Existenz*

Eigentlichkeit steht für eine bestimmte, erfüllte Seinsform. Die strukturelle Selbstbezüglichkeit des Eigenen und der erschließend-konstruktive Prozess des Zusichkommens bilden ihr zweifaches Fundament. Es ist eine Seinsform, in der Menschen gemäß ihrer wahren Natur leben, in der sie wahrhaftig, ›eigentlich‹ sind. Zu den Grundzügen, die sie existentiell auszeichnen, gehören die Einheit mit sich (d1), der emphatische Wirklichkeitsbezug (d2), das Glücken der Existenz (d3).

(d1) Als ein Grundmerkmal eigentlichen Daseins gilt die innere Stimmigkeit. Mit sich eins sein, mit sich im Einklang, in Übereinstimmung leben heißt sich der inneren Zerstreuung und Diffusion widersetzen. Es heißt, gegen das Sichverlieren im Ungeordneten, gegen das Sichwidersprechen im Differenten auf die konsistente Einheit setzen, in welcher das Ich sich selbst begegnet, sich in der Bestimmtheit seines Soseins, der Identität seines Selbst erfährt und verwirklicht. Wenn die Selbigkeit über die Zeit, die Gewissheit, im Wandel dieselbe Person geblieben zu sein, zu den formalen Bestimmungen der personalen Identität gehört, so liegt eine konkret-lebensweltliche Form des Einsseins mit sich in der Treue zu sich selbst. Sich um Übereinstimmung mit sich, um Konsistenz und Kontinuität in seinem Tun und Wollen zu bemühen – ohne dass solche Treue zur starren Fixierung verfallen darf – ist eine Sorge um die Ganzheit des Lebens, die um ihrer selbst willen als wertvoll geschätzt wird.[43] Eigentlich sein, aufrichtig handeln, authentisch leben ist keine Sache des Augenblicks. Sie verlangt eine Konstanz und Einheit mit sich selbst zu verschiedenen Zeiten, unter wechselnden Bedingungen und in sich ändernden Lebenssituationen.

Solches Einssein wurzelt im Bewusstsein, dass das Leben, auch wenn es schöpferisch Neues hervorbringt, nicht aus dem Nichts beginnt, sondern je an schon gelebtes Leben, vielleicht auch an vergessenes, ungelebtes Leben anschließt und seinen Reichtum im Austausch mit eigenem und fremdem Leben schöpft. Die Eigenheit und Originalität, die zu den basalen Kriterien des Eigentlichen zählt, meint keine abstrakte Isolation und Losgelöstheit. Sich selbst zu bejahen und wahrhaft man selbst zu sein heißt auch in Übereinstimmung mit seinen tiefsten Wünschen, seinen ursprünglichen Bedürfnissen zu handeln. Wenn sich in jedem Individuum eine Fülle von Vorhaben, Präferenzen und Einschätzungen versammeln, so verlangt ein ›eigentliches‹ Handeln, welches dem nachspürt, was der Einzelne wahrhaft und wirklich will, in der Vielfalt der Motive eine Ordnung und Hierarchie herzustellen, die jene Wünsche hintanstellt, die nicht wirklich die eigenen sind, denen keine echten, ursprünglichen Wollensakte entsprechen. Rahel Jaeggi verweist in diesem Zusammenhang auf Harry Frankfurts Konzept der Wünsche zweiter Ordnung, welche Präferenzen mit Bezug auf das Erwünschtsein von Zielen erster Ordnung regulieren.[44] Das Konzept bietet ein Raster für die begriffliche Eingrenzung des eigentlich, wahrhaft Gewollten und gleichzeitig für das Verständnis einer »nichtentfremdeten Übereinstimmung mit sich«, einer internen »Stimmigkeit« im Tun und Erleben.[45] Es verdeutlicht, inwiefern Wahrhaftigkeit und Eigentlichkeit nicht in Prädikatszuschreibungen an einen einzelnen Akt aufgehen, sondern einen ganzheitlichen Bezug zum Sein und Verhalten einer Person voraussetzen. Im Spiel ist die Ganzheitlichkeit eines Sinnbezugs in dem, was Menschen wahrnehmen, wie sie sich äußern und was sie sind.

(d2) Eigentlich sein heißt wirklich sein. Es heißt wirklich das zu sein, was man ist, der zu sein, der man ist. Darin liegt zweierlei. Es besagt zum einen, dasjenige beziehungsweise die Person – und nicht etwas anderes oder jemand anders – zu sein, als was oder als wer man sich gegeben ist. Es heißt, wahrhaftig man selbst zu sein. Und es besagt zum zweiten, dasjenige, was man ist, aktual zu realisieren, es in Wirklichkeit – und nicht nur der Möglichkeit oder Fähigkeit nach – zu tun beziehungsweise zu sein. Eigentlichkeit bekräftigt den aristotelischen Vorrang des Akts vor der Potenz. Gerecht und ausgeglichen sein heißt eine seelische Eigenschaft nicht nur haben, sondern sie tatsächlich ausüben; dies ist ein Corollarium dessen, dass eine Tugend als feste Charaktereigenschaft nicht durch Lehre, sondern durch geteilte Praxis vermittelt und erworben wird. In diesem Sinne bedeutet eigentlich zu sein generell, in starker Weise wirklich zu sein, einen emphatischen Bezug zur Wirklichkeit zu haben.

Was dies beinhaltet, bringt Michael Theunissen mit Bezug auf Kierkegaards Konzept des Ernstes zur Sprache, der mit der Idee existentieller Eigentlichkeit wesentliche Bedeutungsaspekte teilt. Das »Verhältnis des Ernstes zur Wirklichkeit« ist nach Theunissen keine »beiläufige Relation«, sondern trifft »das Wesen des Ernstes«.[46] Was darin auf dem Spiel steht, wird in der Negativbeleuchtung dessen deutlich, was dem Ernst entgegensteht: der Ironie. Während der Ernst »die Weise ist, wie sich der Mensch zur Wirklichkeit verhält«, bezeichnet der Ausdruck »ironische Zufriedenheit« die »Haltung totaler Unwirklichkeit«, die »Ruhe eines unentschiedenen Schwebens«.[47] Unbestimmtheit, Beliebigkeit, schlechte Unendlichkeit, Indifferenz sind Insignien der von Kierkegaard mit der ethischen Existenz kontrastierten Seinsweise des Ästhetikers, der so oder so leben, sich so oder so entscheiden – oder sich der Entscheidung enthalten – kann. Es sind Weisen der Verfehlung des wahrhaftigen Selbstseins. In ihnen gerät der Mensch, statt sich zu finden, in Fremdheit zu sich selbst und zur Welt, und dies so, dass nicht dieses oder jenes, sondern »das ganze Dasein dem ironischen Subjekt und dieses wieder dem Dasein fremd« wird, so dass es selbst darin »bis zu einem gewissen Grade unwirklich« wird.[48] Dass Unbestimmtheit Unwirklichkeit bedeutet, entspricht dem anderen durch Aristoteles statuierten metaphysischen Grundsatz, dass Bestimmtheit den Kern des wirklichen Seins ausmacht und jedes in dem Maße wahrhaft ist, wie es ein Bestimmtes, ein Dieses ist.[49] Das Defizit an Eigentlichkeit und Ernst geht mit einem Seinsverlust einher, der mehr als das partikulare Fehlen einer Eigenschaft oder das Misslingen eines bestimmten Vorhabens ist.

In ihrer konkreten Ausführung kann die Leitidee des Wirklichseins auf das Ideal einer Selbstverwirklichung weisen, in welcher sich der Mensch in der Fülle seiner Anlagen und Bedürfnisse verwirklicht – wie es dem utopischen Bild des jungen Marx entspricht, an das Rahel Jaeggi als Gegenbild zur entfremdeten, entleerten Existenz erinnert: das Bild des »allseitig entwickelten« Menschen, der »morgens fischen, mittags jagen, abends kritisieren« kann.[50] Allerdings muss die Idee einer eigentlichen, vollen Existenz nicht notwendig die integrale Entwicklung der eigenen Potentiale implizieren. Nichts spricht dagegen, sich in einer speziellen Tätigkeit – als Barock-Geigerin oder als Bio-Bauer, als Spaziergänger oder als Philosophin – so zu realisieren, dass sich das Leben darin vollendet, ein Individuum sein eigentliches Glück findet (wie auch Marx selbst in jenem Bild die Befreiung vom Zwang der Arbeitsteilung feiert, ohne dass der Einzelne »je Jäger, Fischer, Hirt oder Kritiker zu werden«[51] hätte). Das Maß der Selbstverwirklichung und des ›eigentlichen‹ Zusichkommens liegt darin, wieweit das Tun dem wahren Wunsch, dem letztlich Gewollten, dem um seiner selbst willen Erstrebten entspricht. Wer in dem, was er tut, glücklich ist, dem fehlt es an nichts, er ist in erfüllter Weise da, sich selbst gegenwärtig, wahrhaftig bei sich.

(d3) In solchen Umschreibungen zeigt sich die Konvergenz der Eigentlichkeit mit einem klassischen Verständnis des glücklichen, gelingenden Lebens. Dessen paradigmatische Ausformulierung findet sich in der aristotelischen Ethik: In der Frage nach dem letzten, abschließenden Ziel des menschlichen Strebens erweist sich das Glück als jenes Telos, das in keiner Weise mehr um eines anderen willen gewollt wird. Es ist mit anderen Worten ein Ziel, hinsichtlich dessen die Warum-Frage – warum willst du glücklich sein? – für jemanden, der das Wort nach normalem Verständnis verwendet, nicht mehr gestellt werden kann (während sie bei partikularen Zielvorstellungen wie Reichtum, Gesundheit, Lust sinnvoll und je nachdem dringlich ist). Indes liegt die Pointe dieser Nicht-Iterierbarkeit der Wozu-Frage nicht einfach im Status des höchsten Guts als eines letzten Selbstzwecks und ultimativen Endziels, über das hinaus kein weiteres Gut erstrebt werden kann. Vielmehr liegt sie im Reflexivwerden des Strebens, darin, dass der Mensch in der Erreichung dieses Ziels zu sich selbst kommt, dass er sein Leben als erfülltes, gelingendes erfährt, in welchem er sich gegenwärtig wird und wahrhaftig, eigentlich er selbst *ist*. Wenn das Beharren auf dem Eigenen, auf dem Man-selbst-Sein und Man-selbst-sein-Wollen den Ausgangspunkt der Authentizität bildet, so markiert die Seinsfülle des Gelingens und Beisichseins ihr Telos. Eigentlich-Sein als glückende Existenz ist der normative Komplementärpol zur Aufrichtigkeit als moralischer Norm. Sie umspannen das Ganze dessen, was die Wahrhaftigkeit in einem nicht-reduzierten Sinne ausmacht.

3. Unwahrhaftigkeit und Uneigentlichkeit

Sich über Wahrhaftigkeit zu verständigen verlangt, auch vom Unwahrhaftigen Rechenschaft abzulegen. Dabei geht es um mehr als die logische Komplementarität entgegengesetzter Begriffe. Es geht nicht nur darum, dass wir ein Positives nicht ohne das Negative verstehen – das Große nicht ohne das Kleine, das Licht nicht ohne das Dunkel, die Bejahung nicht ohne die Verneinung. Sondern es geht um den existentiellen Sachverhalt, dass wir nie restlos, zur Gänze, wahrhaftig sind und sein können. Wir sind uns nie in voller Transparenz gegenwärtig, wir handeln nie nur aus eigener Einsicht heraus und aufgrund persönlicher Entscheidung, wir verwirklichen uns nie integral in dem, was wir tun und erleben, wir sind nie in vollendeter Weise bei uns, in reiner Identität wir selbst. Wir leben in der Zwischenzone zwischen Eigentlichkeit und Uneigentlichkeit, und nicht wenige vertreten die Ansicht, dass wir meistens, vielleicht ursprünglich, im Modus des Uneigentlichen existieren, dass die uneigentliche Existenz gewissermaßen die Normalität unseres Daseins ausmacht.

Indessen ist klar, dass es nicht befriedigen kann, diese scheinbare Normalität einfach als basales Faktum festzustellen. Sie steht, wie ihr positives Pendant, in einer konstitutiven Unruhe, einem Spannungsverhältnis zu ihrem Anderen. Das spontane Lebensgefühl sagt uns, dass die Uneigentlichkeit, das Nicht-man-selbst-Sein, nicht das Ganze sein kann, dass sie nicht die abschließende Wahrheit über unser Leben ist. Sie ist ein Negativum, das seinerseits auf sein Anderes verweist, gegebenenfalls die Tendenz verkörpert, sein Anderes zu sein, sein Gegenteil zu wollen. Der Konnex beider Seiten steht für den negativistischen Zugang, der das Phänomen des Wahrhaftigen, die Frage nach der Wahrhaftigkeit ex negativo, von den Formen ihres Fehlens und Scheiterns her, zur Sprache bringt. Es geht darin nicht allein um eine logische Verknüpfung, sondern um eine heuristische Perspektive, um einen privilegierten erkenntnismäßigen Zugang, den die Erfahrung des Mangels zu demjenigen eröffnet, was fehlt, was in der Frage von Eigentlichkeit und Uneigentlichkeit auf dem Spiel steht. Es ist eine lebensweltlich vertraute Situation, dass wir in der Krankheit nicht nur den Wert der Gesundheit schätzen, sondern zugleich deutlicher erkennen, was Gesundsein überhaupt bedeutet. In einem verwandten Sinn hat Maurice Merleau-Ponty in der *Phänomenologie der Wahrnehmung* behinderte und pathologische Verhaltensweisen beschrieben, die indirekt sichtbar machen, was die sinnhafte Gerichtetheit menschlichen Tuns und Interagierens ausmacht. So kann im vorliegenden Zusammenhang die Analyse der vielfältigen Formen des Uneigentlichen und Falschen dazu dienen, sich der Bedeutung und der Problematik der Wahrhaftigkeit zu vergewissern. Das heuristische Potential des Negativen ist ein Weg der existentiellen Erschließung des Menschseins.

Es liegt nahe, in der Nachzeichnung des Unwahrhaftigen, wie beim Wahrhaftigen, die zwei Hauptdimensionen des Theoretischen und des Praktischen, des Versagens im Erkennen und im Sein und Handeln, auseinanderzuhalten. Wir sind uneigentlich und unwahrhaftig, sofern wir uns selbst verborgen und unzugänglich sind, und wir sind es, sofern wir in unserem Wollen und Tun uns verfehlen, nicht uns selbst bejahen.

3.1 Unzugänglichkeit und Selbsttäuschung

»Wir sind uns unbekannt«, meint Friedrich Nietzsche, und er fügt an: »Das hat seinen guten Grund. Wir haben nie nach uns gesucht, – wie sollte es geschehen, dass wir eines Tags uns fänden?« Wir mögen zuweilen unserer selbst gewahr werden und uns betreten fragen: »Wer sind wir eigentlich?« – doch bleiben wir uns »notwendig fremd, wir verstehen uns nicht, wir *müssen* uns verwechseln, für uns heißt der Satz in alle Ewigkeit ›Jeder ist sich selbst der Fernste‹, – für uns sind wir keine ›Erkennenden‹«.[52] Die dezidierte Diagnose, die Nietzsche der falschen Selbstherrlichkeit des Subjekts entgegenhält, bezieht ihre Plausibilität nicht zuletzt aus dem näheren Kontext, in dem sie formuliert wird. Mit ihr eröffnet Nietzsche seine Untersuchung über die *Genealogie der Moral,* worin er den kritischen Blick auf die Entstehung des Moralbewusstseins aus uneingestandenen, niedrigen Affekten mit einer auf Freud vorausweisenden Auffassung der Verdrängung verbindet. Dass wir uns in der Tiefe unserer selbst nicht kennen, hängt damit zusammen, dass wir dort auf die »partie honteuse unserer inneren Welt« stoßen, in der sich zwar »das eigentlich Wirksame, Leitende« unserer seelischen Entwicklung abspielt, das aber unser »intellektueller Stolz« nicht anerkennen will und aus dem Bewusstsein auszuschließen sucht.[53] Die Nicht-Zugänglichkeit dunkler Zonen in uns ist dadurch bedingt, dass sie das Selbst mit schmerzlichen, beschämenden, unerwünschten Erlebnissen oder Erinnerungen konfrontieren, die das Subjekt von sich fernhalten will. Signifikant ist in dieser dem psychoanalytischen Modell verwandten Vorstellung, dass sie die Nicht-Zugänglichkeit für das Ich nicht einfach auf die vor-thematische, vor-gegenständliche Tiefenschicht des Bewusstseins, sondern auf eine aktive Abdrängung und Ausschließung zurückführt, die aus bestimmten, rekonstruierbaren Motiven erfolgt. Unwahrhaftig sind wir nicht nur wegen der internen Komplexität und Undurchschaubarkeit des Grundes in uns selbst. Das Unbewusste ist nicht ein ursprüngliches Noch-nicht-Bewusstes, sondern ein Unbewusst-Gemachtes. Davon Rechenschaft abzulegen ist nicht einfach Sache einer deskriptiven genetischen Rekonstruktion, sondern einer kritischen Analyse, die im gegebenen Fall gegen einen Widerstand operiert und sich als ›Entlarvung‹ vollzieht. Dies ist die den Ansätzen von Freud, Nietzsche und Marx gemeinsame Stoßrichtung, die Paul Ricœur unter dem klassisch gewordenen Titel einer Hermeneutik des Verdachts ausgeführt hat.[54]

Nun ist die ›Unbekanntheit‹ und ›Nicht-Zugänglichkeit‹ des Subjekts für sich selbst nicht auf den einen Typus des Abgewehrt- und Verdrängtseins zu beschränken. Sie hat ebenso am genetischen Vorstadium des dem Bewusstsein Voraus- und Zugrundeliegenden teil. In vielfältigen Kontexten wird in der Subjektivitätsphilosophie, aber auch in der Kulturtheorie und Geschichtsreflexion der Bezug auf einen nicht aufhellbaren Grund zum Thema. Die Rede ist je nachdem von einem uneinholbar vorausliegenden Ursprung, einem ›unvordenklichen Vergangenen‹ (Schelling, Ricœur), einer Ur-Spur (Derrida), einem ›Vergangenen, das nie gegenwärtig gewesen ist‹ (Merleau-Ponty, Derrida, Levinas, Ricœur)[55]. Hermeneutik und Phänomenologie, auch älteste metaphysische Spekulationen, sind mit der Gedankenfigur des zwischen Grund und Abgrund oszillierenden unergründlichen Anfangs befasst.[56] Mit ihr paktiert die subjektivitätstheoretische Figur, dass das Selbst nie zur Gänze für sich fassbar, nie in seiner ältesten Herkunft, in seinen tiefsten Wünschen und verborgenen Motiven aufklärbar ist. So weit handelt es sich um einen strukturellen Sachverhalt, der unhintergehbar mit der zeitlichen Verfasstheit und psychischen Dichte des menschlichen Daseins verbunden ist. Wir können die innere Schichtung und Verflechtung nie vollständig entwirren, unser Gewordensein nie zum absolut Ersten zurückverfolgen. Sich nicht transparent vor Augen zu liegen, seinen Ursprung nicht in reine Klarheit überführen zu können ist ein konstitutiver Grundzug des Lebens.

Gleichzeitig behält die von Nietzsche in den Vordergrund gerückte Perspektive einer durch Abwehr erzeugten Intransparenz ihr Recht. Auch an ihr hat menschliches Leben je schon teil. Dass wir uns selbst entzogen sind, dass wir für uns ›keine Erkennenden‹ sind, ist nicht nur durch die Endlichkeit der menschlichen Natur, sondern auch den Status des Abgedrängten und Verdeckten bedingt. Die Abwehr kann ein Reflex von Schuld und Scham, aber auch die Folge einer Verletzung und eines Leidens sein. Es ist der negative Status eines Nichtseinsollenden, der die Schwelle des Bewusstseins markiert, wobei die Negativität die eines moralisch Missbilligten oder eines voluntativ Zurückgewiesenen, eines Nichtrechtfertigbaren oder eines Nichtgewollten sein kann. Böses und unerträgliches Leiden können gleichermaßen Widerstand dagegen leisten, in das Licht des Bewusstseins gerückt zu werden. Das Nicht-Bewusste, Verkannte, Verborgene ist nicht nur eines, das danach strebt, bewusst zu werden, sondern auch eines, das sich dagegen sträubt. Es provoziert, wie bei Nietzsche oder Freud, die Frage nach dem Grund seiner Verdeckung ebenso wie die Suche nach Wegen der Erschließung.

Wichtig ist, wenn wir diese Konstellation als Hintergrund der persönlichen (Un-)Wahrhaftigkeit ernst nehmen, dass die ›theoretische‹ Unzugänglichkeit sich nicht in einem kognitiven Defizit, einem Ungenügen des Erkennens erschöpft. Die Unehrlichkeit dessen, der die unreinen, schlechten Antriebe in sich nicht wahrhaben will, ist mehr als ein erkenntnismäßiges Unvermögen. Sie ist ein Nicht-zur-Kenntnis-nehmen-Wollen, ein Nichtverstehenwollen, eine intentionale (subjektiv vollzogene, wenn auch nicht notwendig bewusst intendierte) Selbsttäuschung.[57] Sie ist in diesem Sinne eine Art Selbstlüge, Ausdruck einer Verlogenheit. Von einem ›verlogenen‹ Verhalten zu sprechen, sei es im Umgang mit eigenen Gefühlen und Einsichten oder im Verkehr mit anderen, macht deutlich, dass hier mehr als eine Begrenztheit des Wissens im Spiel ist. Es ist ein Nichtwissenwollen, das in unser Nichtverstehen hineinspielt, auch wenn dieses gleichzeitig durch eine Art Nichtkönnen und Versagen bedingt ist, das es von der bewussten Lüge oder Verstellung unterscheidet. Es ist ein Verfehlen der Wahrheit, das sich gleichzeitig als ein Von-sich-Fernhalten, ein Verdecken und Verfälschen äußert, das seinerseits darin wurzelt, dass wir die Wahrheit nicht aushalten, dass wir sie uns nicht aneignen wollen. In diesem Sinne spricht Nietzsche von einer Art Selbstbetäubung der Leidenden, die »sich selbst nicht eingestehen wollen, was sie sind«, und »nur Eins fürchten: zum Bewusstsein zu kommen«.[58] Unwahrhaftigkeit als Verblendung ist eine Selbst-Unzugänglichkeit, die in spezifischer Weise der Unaufrichtigkeit unserer Rede, der Unwahrhaftigkeit unseres Tuns innewohnt. Zusammen machen sie die Uneigentlichkeit aus, die in der einen oder anderen Weise, in geringerem oder größerem Maße, in die alltägliche Normalität des Lebens eingeht.

3.2 Selbstfremdheit und Selbstverfehlung

Die Momente der Unwahrhaftigkeit sind Facetten der Fremdheit. Sie sind Aspekte der Selbstfremdheit und Selbstentfremdung. Wer in der Tiefe unwahrhaftig, verlogen, falsch ist, ist in gewisser Weise auch sich selbst fremd. Dass das Individuum sich nicht selbst erfassen kann, dass es nicht sich selbst bejahen und sich verwirklichen kann, sind Momente eines Verfehlens, das sich zwischen theoretischem und praktischem Selbstverhältnis bewegt. Sie schlagen sich in Weisen der Selbstbehinderung und Selbstobstruktion des Lebensvollzugs nieder.[59] Sie erschweren es dem Individuum, in seinem Welterleben und seinem Tätigsein sich selbst zu finden, sein Leben aneignen und seine eigensten Potentiale verwirklichen zu können. Alle Momente, die als Instanzen des Eigentlichseins herausgestellt wurden – das Man-selbst-Sein, Sich-gegenwärtig-Sein,

Mit-sich-Übereinstimmen und Aktualwerden in seinen Möglichkeiten –, werden im uneigentlichen Dasein unterlaufen und ausgehöhlt, schlagen in Weisen des Sich-Fremdwerdens und Unwirklichseins um.

In eindringlicher Form wird das Instabilwerden des Selbst als Identitätskrise erfahren. Dabei bedeuten nicht nur das Diffus- und Unbestimmtwerden, sondern auch die starre Fixierung eine destruktive Gegenmacht zur gelingenden Selbst-Werdung. Zu den Pathologien der psychosozialen Identität zählen sowohl das Defizit wie das Übermaß an Identifizierung, der Gestaltmangel wie die zu rigorose Festlegung des Soseins.[60] Wie die Herausforderung der Wahrhaftigkeit, so kann die Identitätskrise »auf zwei Registern spielen«, auf dem des Bezugs zu anderen und dem des Selbstverhältnisses, wobei sich die tiefere, radikalere Herausforderung im Selbstbezug, in Auseinandersetzung mit der Frage ›Wer bin ich?‹, in der ersten Person stellt.[61] Meine Identität kann für andere wie für mich selbst fragwürdig werden, im Kontrast und Zusammenspiel von Selbst- und Fremdbild, in der Ausbildung, Präsentation, Verbergung und Verunsicherung meines Selbst. Den eigentlichen Schwerpunkt bildet wie bei der affirmativen Wahrhaftigkeit auch im Uneigentlichen das Selbstverhältnis; fundamental ist die Krise als Zerrüttung der Identität für das Subjekt selbst. Der Mensch weiß nicht, wer er ist und was er sein soll. Er verliert die Festigkeit und innere Einheit seines Selbst, die Bestimmtheit seines Soseins und seines Verschiedenseins von anderen. Der Eigentlichkeit verlustig zu gehen heißt dem Sog der Bestimmungslosigkeit und Entindividualisierung ausgesetzt zu sein.

Mit der inneren und äußeren Zerstreuung geht der Verlust des emphatischen Wirklichkeitsbezugs einher, der den Ernst des wahrhaftigen Daseins ausmachte. Während sich die authentische Freiheit mit der Bekräftigung des Selbst verschränkt, verflüchtigt sich die ironische Beliebigkeit zur negativen Freiheit von allem Bestimmten und höhlt darin das konkrete Selbst-Sein und Wirklich-sein-Wollen aus.[62] Jenseits der wahrhaftigen Existenz geht der Mensch nicht nur seiner wesensmäßigen oder selbstgesetzten Bestimmung, sondern seines Seins verlustig. Die Selbstfremdheit weitet sich aus zur Fremdheit der Welt und vertieft sich zur Fremdheit der Existenz. Es ist der Verlust jener tiefen Einheit mit sich, die Charles

Taylor bei Rousseau erkennt und die, »fundamentaler als jede moralische Anschauung«, eine »Quelle der Freude und der Zufriedenheit« darstellt (und die Rousseau sogar mit einem eigenen Namen, als »Gefühl des Daseins«, *sentiment de l'existence,* bezeichnet).[63] Als Horizont der Eigentlichkeits- und Entfremdungsproblematik fungiert ein weiter Begriff der menschlichen Existenz, in welcher das Spannungsverhältnis zwischen Selbstgewinnung und Selbstverlust mit demjenigen zwischen Sinnhaftigkeit und Sinnverlust, letztlich mit der Nicht-Gesichertheit des gelingenden, glückenden Lebens einhergeht. Die Verständigung über den Menschen findet *in* diesem Spannungsverhältnis zwischen Selbstfindung und Selbstverfehlung statt.

3.3 Existenziale und pathologische Selbstverfehlung

Was Uneigentlichkeit und Unwahrhaftigkeit sind, zeigt sich in schärferem Profil, wenn wir sie vor dem Hintergrund pathologischer Selbstverfehlung betrachten. In ihrer ›normalen‹ Form gehört die Unwahrhaftigkeit – in Gestalten der Unaufrichtigkeit, Selbstfremdheit, Selbsttäuschung – nach existenzphilosophischer Auffassung zur Üblichkeit des alltäglichen Lebens. Wir leben zunächst und zumeist im Modus des Verfallens, der Uneigentlichkeit, der *mauvaise foi.* Davon unterscheiden sich Manifestationen des Uneigentlichen, welche dem Bereich der seelischen Krankheit, der pathologischen Störung zugehören. Hier geht es um Weisen der Selbstverfehlung, die nicht durch einen offenen Übergang mit den defizitären Modalitäten des Selbstseins verbunden sind, um Formen der Selbstfremdheit, aus denen der Ausweg dem Subjekt in anderer Weise versperrt ist als dem in seiner Verstellung oder im Rollenspiel befangenen Individuum. Die Selbststörung, die sich im Zeiterleben und Sprachausdruck, im Sozialen und Emotionalen auswirken kann und die der externen, therapeutischen Intervention zu ihrer Korrektur bedarf, ist ein Anderes, doch nicht Berührungsloses neben der existentiellen Defizienz. Das Verhältnis zwischen normaler und pathologischer Inadäquanz des Selbst ist Gegenstand kontroverser Beschreibung und Beurteilung, zwischen der Betonung kategorialer Andersartigkeit und einer graduellen

Differenzierung, in welcher die Krankheit als heuristischer Schlüssel und ›Vergrößerungsglas‹ für die Erfassung der conditio humana fungiert.[64] Im Nicht-Einssein-mit-sich des seelisch Kranken reflektiert sich die Unwahrhaftigkeit, die in der menschlichen Schwäche begründet ist. Es geht darum, im Ausgang von der Selbstverlorenheit, Sprachlosigkeit oder Ichspaltung des seelisch leidenden Subjekts ein Bild davon zu gewinnen, was es für den Menschen heißt, sich nicht erkenntnismäßig zugänglich und willentlich verfügbar, sich fremd und in sich entzweit zu sein, unauthentisch zu leben und anderen gegenüber unwahrhaftig zu sein. Konzepte der pathologischen Selbststörung bieten begriffliche Vorschläge, um die Idee des Unwahrhaftigen (und ex negativo des Wahrhaftigen) zu verdeutlichen. Zwei Konzepte mögen den Zusammenhang exemplarisch artikulieren.

Ein profiliertes Modell stellt die daseinsanalytische Auffassung des seelischen Leidens dar. In Anknüpfung an die von Ludwig Binswanger und Medard Boss entwickelte Daseinsanalyse hat Alice Holzhey-Kunz eine aufschlussreiche Lesart psychischer Krankheit vorgelegt.[65] Seelische Krankheiten sind Störungen, die in der Endlichkeit der menschlichen Natur wie des Lebendigen überhaupt angelegt sind, denen aber im Kontext der menschlichen Existenz ein besonderer Status zukommt. Sie können sich, wie somatische Leiden, in unterschiedlicher Weise im Leben auswirken, zu Einschränkungen, Schmerzen oder Verbitterung, je nachdem auch zu Heilung und Versöhnung führen; gleichzeitig zeichnen sie sich in typischen Ausprägungen dadurch aus, dass sie in besonderer Weise auf Grundbedingungen des Menschseins verweisen und mit Grenzerfahrungen des Daseins kommunizieren. Holzhey-Kunz hat diesen Sachverhalt in der Formulierung gefasst, dass sich seelisch leidende Menschen durch eine besondere ›Hellhörigkeit‹ für die Grundprobleme der Existenz auszeichnen. Sie nehmen eine konkrete Störung, ein partikulares Leiden zugleich im Horizont der umfassenden Verunsicherung, der abgründigen Haltlosigkeit wahr, wie sie in existenziellen Grenzerfahrungen, etwa der Angst, erlebt werden. Die Hinfälligkeit des Menschlichen bildet den Grund und Horizont konkreter Dysfunktionen und Schädigungen, unter denen Individuen bewusst oder bewusstlos leiden. Eine überwältigende, vielleicht eigenartige Furcht, die uns in bestimmten Situationen heimsucht, wird transparent auf ein radikales Exponiertsein hin, das den Menschen in seiner radikalen Kontingenz und Ungeschütztheit vor sich selbst stellt. In dieser Perspektivierung liegt eine Vertiefung der Negativität, die der Furcht oder einer anderen Erlebnisform anhaftet, die uns belastet und unserem Sein und Streben zuwiderläuft. In dieser Fundamentalisierung liegt eine Vertiefung der Verfehlung und des Leidens, der Unwahrhaftigkeit und Uneigentlichkeit nach ihrer erkenntnismäßigen und praktischen Seite: eine Radikalisierung der Selbstverkennung und Entzogenheit, des inneren Mangels, der Entzweiung, der Selbstentfremdung.

Allerdings liegt darin, gerade im Blick auf das spannungsvolle Phänomen des (Un-)Wahrhaftigen, auch ein Gegenakzent. Wenn dem seelisch leidenden Menschen eine Hellhörigkeit für die Not des Menschseins eignet, so bedeutet dies auch, dass er nicht ohne Kenntnis dessen ist, was ihm fehlt, inwiefern er mit sich und seinem tiefsten Streben uneins ist, worin er sich entgegensteht und sich abhandenkommt. Die Durchsichtigkeit des Misslingens auf die Tiefenschicht der existenziellen Verfehlung hin ist nicht nur eine Transparenz aus der Außensicht des Beobachters, sondern ebenso, zumindest virtuell, eine für das erlebende Subjekt selbst. Der seelisch leidende Mensch erfährt die Defizienz in seinem Tun und Erleben nicht nur als äußere Behinderung oder eigenes Versagen, sondern als wesensmäßigen Mangel in seinem Sein. Diese vertiefte, klare oder verdeckte Einsicht kann mit einer Steigerung der Entbehrung und des Leidens einhergehen. Es gibt Vertiefungen des Leidens, die in Sprachlosigkeit münden und aus dem Verstummen kommen, doch ebenso den gesteigerten Schmerz, der sich im Schrei äußert.[66] In beiden Fällen aber bedeutet die Hellhörigkeit, auch bei verstopften Ohren und geschlossenen Augen, eine basale Betroffenheit, die das Subjekt in seinem Innersten tangiert und möglicherweise ein Motiv der Umkehr, einen Anlass zur Therapie bildet. Die verfestigte Unwahrhaftigkeit ist mit einem Gewahren seiner selbst verschränkt, das nicht in der Selbstverkennung aufgeht.

Unter besonderen Umständen hat man dem Potential solcher Wahrnehmung geradezu eine Affinität zur philosophischen Existenzerhellung zugesprochen. Unübersehbar ist die Nähe zum Bewusstsein der radikalen Ungesichertheit und Unbehaustheit, wie sie in den von Kierkegaard, Heidegger und Sartre beschriebenen

Negativaffekten der Angst, der Langeweile, der Verzweiflung aufbricht. In außergewöhnlichen Fällen wie Nietzsche oder Hölderlin sind pathologisch-existenzielle Erschütterungen in ihrer philosophischen Substanz freigelegt worden, in Äußerungen, die vom ausweglosen Leiden Zeugnis ablegen, das allerdings zugleich verbietet, die Nähe zur Philosophie zu idealisieren oder die pathologische Qualität des Leidens zu verharmlosen.[67] Begrifflich macht Holzhey-Kunz die Differenz daran fest, dass die philosophische Besinnung das besondere Widerfahrnis der Bedrohung oder Verletzung von der grundlegenden existenziellen Hinfälligkeit unterscheidet, während der psychisch kranke Mensch zu solcher Trennung nicht in der Lage ist und in der partikularen Schädigung eine grundlegende Störung seines Daseins, ein umfassendes Leiden, erfahren kann. In terminologischem Rekurs auf Heidegger unterscheidet Holzhey-Kunz beide Ebenen als ontische und ontologische Dimensionen der Existenz, deren zweite die grundlegende Seinsverfassung der conditio humana artikuliert, die jedem konkreten ›ontischen‹ Lebensvollzug innewohnt, doch in einzelnen Handlungen und Erlebnissen verborgen bleiben kann. Auf diese Dimension aufmerksam zu sein heißt sichtbar werden lassen, wie das Individuum nicht nur in konkreten Negativerfahrungen, sondern in seinem Sein überhaupt mit der Unheimlichkeit, der Last und unauflösbaren Disharmonie des Daseins konfrontiert, der Angst ausgesetzt ist.[68] Dessen gewahr zu werden, geht in das implizite oder explizite Bewusstsein der Selbstverfehlung im Unwahrhaftigen ein. Das Oszillieren zwischen seelischer Gesundheit und Krankheit hängt nach Holzhey-Kunz nicht zuletzt damit zusammen, wieweit dieses »ontologische Mehrwissen« in der Lebensführung des Einzelnen zum Tragen kommt.[69]

Ein anderes Konzept, das mit einer analogen Unterscheidung operiert, wie sie die daseinsanalytische Differenz zwischen ontischer und ontologischer Betrachtung darstellt, legt Wolfgang Blankenburg seiner phänomenologisch-psychopathologischen Untersuchung *Der Verlust der natürlichen Selbstverständlichkeit* zugrunde.[70] Die Verlusterfahrung, der er am Beispiel schizophrener Erkrankungen nachgeht, steht ihrerseits für eine bestimmte Form der Selbstverkennung, die, anders als die existentielle Unwahrhaftigkeit, nicht das Subjekt in seiner Individualität, sondern das allgemeine Menschsein betrifft. Näherhin ist es die mit anderen geteilte

Lebenswelt, die nicht mehr als selbstverständliche immer schon gegeben ist und den Boden und Fundus des individuellen Erlebens und der eigenen Initiative bildet. Verloren geht, so die Umschreibung von Thomas Fuchs, die »apriorische Erschlossenheit der gemeinsamen Lebenswelt« und mit ihr das ursprüngliche Vertrautsein in der Mit- und Umwelt, das dem Subjekt die Klarheit und spontane Sicherheit seines Verhaltens verleiht.[71] In solchen Charakterisierungen wird deutlich, inwiefern die mangelnde Selbsttransparenz, die das unwahrhaftige Verhalten und unauthentische Selbstsein eines Individuums kennzeichnet, mehr als eine kontingente lokale Bewusstseinstrübung ist. Sie gründet in einer basalen Abwesenheit und Selbstfremdheit, welche das Individuum hindert, mit sich zur Übereinstimmung zu kommen und sich anderen gegenüber in offener Präsenz zu äußern. Die Tiefendimension, auf die Holzhey-Kunz mit der Heidegger'schen Unterscheidung von ontischer und ontologischer Bestimmung verweist, wird von Blankenburg anhand der Husserl'schen Differenz von empirischem bzw. natürlichem und transzendentalem Subjekt anvisiert.[72] Die Störung, die sich in der pathologischen Uneigentlichkeit auswirkt, gründet in einem Defizit auf der fundamentalen Ebene, in einem Versagen der »transzendentalen Leistung«[73], die jedem leiblich-weltlichen Vollzug vorausliegt – sei es in der normalerweise immer schon realisierten zeitlichen Synthese und räumlichen Orientierung, in dem vorausliegenden, vorreflexiven Bezogensein auf andere Menschen, in dem je schon geteilten Verständnis einer Situation. Blankenburg verweist auf das von Heidegger fokussierte »apriorische Perfekt« des immer schon Erfahrenen und Geleisteten, das die natürliche Selbstverständlichkeit im Verhalten des Gesunden ausmacht und das der Kranke Tag für Tag neu mit großer Anstrengung nachholen muss (und nur partiell nachholen kann).[74] Die Selbstverständlichkeit, die ihm entzogen bleibt, hindert, dass er sich in seinem Körper sicher fühlen und sich spontan und natürlich in seiner Welt bewegen kann. Abhanden kommen ihm Rahmenbedingungen eines authentischen, gelingenden Selbstseins.

Interessant ist der von Blankenburg zusätzlich akzentuierte Aspekt, der sich der oben herausgestellten Unablösbarkeit zwischen Wahrhaftigkeit und Unwahrhaftigkeit annähert. Es gibt, so Blankenburg, je schon das Nicht-Selbstverständliche ebenso wie das

Selbstverständliche, die beide für die Normalität des In-der-Welt-Seins konstitutiv sind.[75] Zwischen ihnen besteht eine dialektische Zusammengehörigkeit, die für den Gesunden die Möglichkeit des Übergehenkönnens vom einen zum anderen einschließt. Dazu ist eine Selbstsicherheit des Subjekts verlangt, die durch die basale Ich-Schwäche des Kranken unterminiert wird, welche nicht durch eine willkürliche Selbstaufblähung kompensiert werden kann, sondern eher zum »Rückzug in eine abgeschlossene Eigenwelt« führt.[76]

In alledem wird eine Fundamentaldimension der Existenz umrissen, in welcher sowohl die Grundlage für ein gelingendes Selbstsein wie die Gefährdung durch einen abgründigen Entzug und basalen Mangel angelegt ist. Gegenüber der eingangs gezeichneten Dualität von Selbstwerdung und Selbstverfehlung, Wahrhaftigkeit und Unwahrhaftigkeit wird der negativistische Horizont gleichsam eine Stufe weiter ausgespannt, über den internen Zwiespalt zwischen Gelingen und Misslingen des Daseins hinausgeführt. In den Blick kommt eine radikalisierte Negativität, in welcher die Selbstverfehlung des Subjekts in verschärften Konturen hervortritt. Der psychisch Kranke ist in anderer Weise unwahrhaftig oder unauthentisch als der gesunde Mensch in seiner Alltäglichkeit. Es ist eine Negativität des pathologischen Mangels, der sich eben dadurch auszeichnet, dass in ihm das Fundament abhandenkommt, von dem aus das normale Leben zwischen den Polen des Wahrhaftigen und Unwahrhaftigen oszilliert und ein ausgeglichener Umgang mit dem Uneigentlichen stattfinden kann. Abhanden kommt eine Normalität, die nicht den abwertenden Akzent trägt, mit dem die Existenzphilosophie das Durchschnittlich-Alltägliche versieht, sondern die Voraussetzung und tragende Basis des wahren Lebens bildet. Im Gegensatz zur seelischen Störung ist die ›normale‹ Uneigentlichkeit ein integratives Moment im ungelösten Spannungsfeld des Wahrhaftigen.

4. Eigentlichkeit zwischen Selbst und Andersheit

Der Themenkreis des Wahrhaftigen hatte von Anfang an eine dreifache Differenzierung nahegelegt. Die erste betraf die Unterscheidung zwischen dem Selbstbezug und dem Verhältnis zu anderen. Nach beiden Hinsichten waren originäre Formen und spezifische Probleme des Wahrhaftig-Seins auszumachen. Die zweite Differenz war die zwischen dem theoretischen und dem praktischen Sichverhalten zu sich und zu anderen. Als erkennendes wie als wollendes und handelndes Subjekt ist der Mensch in seiner Wahrhaftigkeit herausgefordert. Als Drittes situierte sich die ganze Themenkonstellation im Horizont des Antagonismus zwischen dem Wahrhaftigen und dem Unwahrhaftigen. Aufrichtig- und Eigentlich-Sein steht immer schon im Spannungsverhältnis zur Gegenfigur des Unaufrichtigen und Uneigentlichen. Die drei Unterscheidungen stehen nicht berührungslos nebeneinander, sondern überlagern und durchdringen sich in vielfältiger Weise. Im Ganzen zeigt sich die (Un-)Wahrhaftigkeit als ein facettenreiches Phänomen, das in den terminologischen Varianten der Aufrichtigkeit, Eigentlichkeit, Authentizität (bzw. ihrer Negativfiguren) nach unterschiedlichen Aspekten ausformuliert wird.

4.1 Erschlossenheit und Selbstsein

Ein erster Schwerpunkt, der den Ausgangspunkt der gängigen Begriffsexplikation bildet, ist die kognitive Seite in ihrer Ausrichtung auf Wahrheit. Wahrhaftig zu sein und eigentlich zu leben beinhaltet zuallererst, an Wahrheit interessiert zu sein, anderen gegenüber ehrlich zu sein und Kenntnis von sich selbst zu erstreben, sich nicht über sich selbst zu täuschen. Eine normative Idee gelingenden Selbstseins wird in Konzepten der Selbsterkenntnis und Selbstverständigung gefasst, während umgekehrt die Selbst-Unzugänglichkeit einen basalen Faktor der Selbstverfehlung und

Selbstentfremdung darstellt. Nach Heidegger bildet die »Erschlossenheit« des Daseins für sich selbst sogar das »ursprünglichste Phänomen der Wahrheit«[77], das jeder gegenstandsbezogenen Wahrheit, die im Modus der Weltkenntnis oder der Aussagewahrheit auftritt, vorausliegt. Dabei ist Selbsttransparenz eine notwendige Voraussetzung der Erschlossenheit, in welcher das Subjekt eins mit sich selbst sein und aus sich heraus existieren kann. Nicht stellt die Authentizität eine Vorbedingung des Sichwissens dar, sondern umgekehrt ist das Sichbemühen um innere Klarheit eine Grundlage des aufrichtigen Man-selbst-Seins. Es ist eine Beziehung, die nicht zuletzt in der negativen Korrelation zwischen Selbsttäuschung und Unwahrhaftigkeit erhärtet wird. Im Horizont der Philosophie Kierkegaards bilden, wie Tilo Wesche nachzeichnet, Selbstverständigung und Lebensverständigung nicht nur ein neutrales Gefäß und eine äußere Bedingung für die erfüllte Existenz. Vielmehr sind sie selbst ein Zielwert und ein Gut – etwas, das »bezüglich der Frage nach einem gelingenden Leben letztlich gewollt« wird und als »Forderung« begegnet.[78] »Im vollen Sinne lebenswert« erscheint ein Leben, das ein Verständnis seiner selbst erlangt und sich zu orientieren in der Lage ist, wohingegen eine misslingende Verständigung, die dem Subjekt keine Gewissheit bietet und seine innere Unbestimmtheit nicht überwindet, in Verzweiflung münden kann.[79] Das Scheitern der Erkenntnis und verstehenden Selbstbestimmung kann mit Angst und Bedrücktheit, ja nachdem mit dem existentiellen Gefühl der Last oder der Leere einhergehen, die ein emphatisches Seinwollen und eigentliches Selbst-Sein unterminieren.

In solchen Konstellationen tritt die enge Verschränkung zwischen theoretisch-erkenntnismäßigen und praktisch-willensbestimmten Komponenten des Selbstseins hervor, die sich im weiten Spektrum zwischen Lebensaffirmation und Indifferenz, zwischen Selbstaneignung und Selbstfremdheit bewegen. Auch wenn Letztere nicht die Extremgestalt annimmt, die Kierkegaards Figur der Verzweiflung als eines »Sich-loswerden-Wollens« verkörpert,[80] kommt der Selbstdistanz im Unwahrhaftigsein eine unübersehbare voluntative Komponente zu. Das Unwahrhaftigsein und Uneigentlichsein, das zunächst mit einem erkenntnis- und verstehensmäßigen Defizit verbunden ist, in gewisser Weise in einem solchen gründet, ist gleichzeitig von einer Schwäche des Wollens affiziert. Dass ein Individuum nicht wirklich als es selbst existiert und sich äußert, ist nicht nur Folge eines erkenntnismäßigen Sich-Entzogenseins, sondern ebenso durch ein Nichtwollen, ein Nicht-Selbstseinwollen bedingt, wie schon das Nichtverstehen als solches in radikalen Fällen in keinem bloßen Unvermögen, sondern in einer Verweigerung, einem Nichtverstehenwollen wurzelt. Die eigentümliche, von alters her besprochene Figur der Willensschwäche, des Nichtwollens dessen, wonach wir eigentlich verlangen, interferiert in der Tiefe mit dem Nicht-Selbstsein, das sich in unauthentischen Lebensäußerungen, in Entzweiung und Selbstverfehlung manifestiert. Es ist, vorgängig zum Sich-loswerden-Wollen, ein Sich-nicht-Treffen und Nicht-mit-sich-Einswerden, ein Verfehlen seiner selbst, das sich in uneigentlichen Erlebensformen und Verhaltensweisen äußert.

Genauer kann man zwischen theoretischer und praktischer Negativität, erkenntnismäßiger und handelnd-interaktiver Unwahrhaftigkeit – bzw. analogen Modi des Zu-sich-Kommens – ein wechselseitiges Bedingungsverhältnis festhalten. Wer nicht ehrlich in sich geht, um sich kennenzulernen, und sich nicht ungeschützt anderen mitteilt, bleibt sich in gewisser Weise auch im Existenzvollzug äußerlich und fremd. Und wer in seinem Erleben und eigenen Verhalten unauthentisch und nicht ernsthaft ist, wird sich schwerlich in ehrlicher Weise mit den eigenen Wünschen und Ängsten auseinandersetzen und sich anderen ungeschützt öffnen. Das kognitive und kommunikative Defizit geht mit einer Einschränkung im praktischen Verhalten, in gravierenden Fällen einer Beschädigung des eigenen Lebens einher. Selbsttäuschung und Selbstlüge wirken sich in einer Selbstbehinderung des lebendigen Daseins aus; umgekehrt kann sich die willensmäßige Schwäche mit einem verblendeten Bewusstsein verbünden. Wahrhaftigkeit und Unwahrhaftigkeit haben ihren Ort gleichermaßen im Erkennen, Darstellen und Mitteilen wie im Handeln und existentiellen Selbstsein. In dieser strukturellen Verflechtung bekräftigt sich die eingangs festgestellte semantische Mehrfachverortung, wenn wir das Prädikat des Wahrhaftigen und Unwahrhaftigen sowohl auf einzelne Kommunikationsakte und Interaktionsmerkmale wie auf psychische Dispositionen und Eigenschaften von Personen anwenden. Im Ganzen markieren die theoretisch-kognitive und die praktisch-voluntative Seite distinkte Aspekte, teils eigenständige Manifestationen des

(Un-)Wahrhaftigen; gleichzeitig stehen sie, als Seinsweise der Person, in innerer Einheit und wechselseitiger Verschränkung.

4.2 Wahrhaftigkeit im Sein mit Anderen

Dieses Gesamtphänomen des (Un-)Wahrhaftigen ist zu vertiefen, indem wir gleichzeitig die andere Doppelperspektive, die Verweisung zwischen dem Selbstverhältnis und dem Bezug zum Anderen zur Geltung bringen. Von Beginn an kam die zweifache Ausprägung der Wahrhaftigkeit im Verhältnis zu anderen und zu sich selbst in den Blick. Ich kann wahrhaftig und unwahrhaftig sowohl für mich selbst, in meinem Selbstbild und meiner Lebensführung wie in der äußeren Kommunikation und meinem Verhalten zu anderen sein. Indessen geht es um mehr als um zwei Varianten eines gemeinsamen Grundtypus. Ins Spiel kommt die fundamentale Bedeutung der Sozialität für das Selbstsein des Menschen. Gerade das Problem der Wahrhaftigkeit bringt die Bedeutung des Sozialen und die Verwiesenheit auf Andere zum Tragen. Es geht nicht allein um das Aufrichtigsein gegenüber anderen, sondern grundlegender darum, inwiefern ich aus mir heraus und aus eigener Kraft eigentlich und authentisch zu sein vermag oder aber in meinem Wahrhaftig- und Eigentlichsein je schon auf andere bezogen, auf andere angewiesen bin. In Frage steht, wieweit ich durch andere bin, was ich bin (oder vielleicht umgekehrt im Zusammensein mit anderen mein wahres Selbst verdecke oder verliere). Der Akzent, den die dialogische Philosophie gegen ein idealistisches Subjektdenken setzt, gewinnt im Horizont der Frage nach der Wahrhaftigkeit und des darin artikulierten zwischenmenschlichen Verhältnisses ein besonderes Profil.

Wir können in der Verweisung auf den Anderen drei Stoßrichtungen auseinanderhalten, die alle im Blick auf die Wahrhaftigkeitsfrage bedeutsam sind. Zum einen markiert die Norm der Wahrhaftigkeit einen Anspruch des Anderen, eine Herausforderung und eine Pflicht, die im Zusammenleben mit dem Mitmenschen gründen. Wahrhaftig sein heißt einer Forderung nachkommen, die der Andere an mich stellt. Zum zweiten machen wir in der Wahrhaftigkeit, im Eigentlichsein und Authentischsein, die Erfahrung eines Entgegenkommens des Anderen; wir erleben Anerkennung, empfangen eine Gabe, die uns ermöglichen, im Einklang mit uns selbst zu sein und als wir selbst zu leben. Eigentlich zu sein heißt auch, dank anderen man selbst sein zu können. Schließlich kann uns der Beistand anderer dazu verhelfen, wahrhaftig zu werden, Unwahrhaftigkeit zu überwinden und uns aus Selbsttäuschung und Selbstentfremdung zu befreien.

(a) *Der Anspruch des Anderen*

Wahrhaftig sein heißt einer Norm gehorchen, deren originärer Ursprung im Verhältnis zu anderen liegt. Täuschen und Lügen, Verdecken und Verschweigen sind Verletzungen eines elementaren Rechts und Anspruchs anderer. Sie berühren Grundbedingungen des humanen Zusammenlebens, das auf Vertrauen baut und auf Offenheit und Verlässlichkeit angewiesen ist. Auch wenn vielfältigste Praktiken des Simulierens und Fälschens, des Hintergehens und Manipulierens zum Grundbestand der sozialen Lebenswelt gehören, wohnt ihnen ein Stachel des Widrigen, des Nichtseinsollenden inne. Keiner wünscht, hintergangen zu werden. Wer bewusst lügt, tut dies in den meisten Fällen im Bewusstsein, etwas Falsches zu tun. Das affirmative Potential des Sprechens und Handelns entfaltet sich im Horizont der Erwartung anderer, wie mein eigenes Tun und Äußern mit Forderungen an andere verbunden ist. Funktionierende Interaktion beruht auf der Unterstellung, dass wir gegenseitig ehrlich sind, dass wir an der Offenheit der anderen interessiert sind und dass wir selbst die Wahrheit sagen. In diesem Sinne ist der Geltungsanspruch der Wahrhaftigkeit als transzendentale Bedingung kommunikativer Vernunft definiert worden.

(b) *Die Gabe des Anderen*

Doch nicht nur einem fremden Anspruch zu genügen, auch Ansprüche an andere zu formulieren und auf andere angewiesen zu sein kennzeichnet die Seinsweise des authentischen Selbst. Entgegen einem solipsistischen Subjektbegriff, der auf die Eigenmächtigkeit des isolierten Individuums setzt, will eine dialogische Auffassung aufzeigen, wie der Einzelne in der Anerkennung durch andere und in der Begegnung mit anderen zu sich findet und sich selbst verwirklicht. Der Andere ist nicht nur ein fordernder und mich herausfordernder Anderer, sondern auch ein entgegenkommender Mitmensch, dessen Initiative meinem Tun vorausgeht und mir Möglichkeiten eröffnet. Dies trifft für die Selbsterkenntnis wie für die praktische Selbstwerdung zu. Um wirklich zu wissen, wer ich bin, habe ich mein Selbstbild mit der Vorstellung, die andere sich von mir machen, zu vermitteln, mein Selbstverständnis von illusionären Projektionen zu befreien und in Auseinandersetzung mit dem Blick anderer auf die Probe zu stellen. In einer mehrschichtigen Verflechtung, in welcher der Einzelne von seinen Mitmenschen angesprochen, von ihnen herausgefordert und in die Pflicht genommen, aber auch von ihnen erwartet und willkommen geheißen, durch sie beschenkt wird, bildet sich das konkrete Selbst der Person heraus.

Axel Honneth hat den komplexen Prozess dieser Genese unter dem Hegel'schen Titel eines Kampfs um Anerkennung entfaltet.[81] Die Dialektik der Anerkennung, deren innerster Kern in Hegels Modell die wechselseitige Anerkennung der Personen als freie, autonome Subjekte ist, tangiert in einem weiteren, sozialpsychologischen Horizont, der über den Kampf hinaus unterschiedlichste Formen der Fremdbeschreibung, der Anteilnahme und der Solidarität einschließt, die umfassende, zeitliche und inhaltliche Identitätsbildung, deren der Einzelne nicht aus eigenen Quellen mächtig ist. Er bleibt »auf die Spiegelung durch Andere angewiesen«, die sein »Selbstbild stützen und bestärken«, vielleicht auch in Frage stellen oder anders beleuchten. Dabei gehört es zur Herausforderung an das Selbst, die Außensicht zur inneren Selbstinterpretation in ein Verhältnis zu setzen und im Dialog beider zur konkreten, sozial situierten Identität zu gelangen, eine Verknüpfung, die Thomas Bedorf noch in der Gegenperspektive Sartres bekräftigt sieht, der den objektivierenden Blick als eine Urform des Sozialkontakts setzt und einen Begriff der Unauthentizität geradezu daraus gewinnen kann, »dass das Ich sich weigert, den Blick des Anderen als wirksam zu übernehmen«.[82]

Die Verflechtung zwischen dem Selbstsein und dem Sein mit anderen, zwischen dem Fürsichsein und dem Sein für andere und durch andere findet in unterschiedlichen Modalitäten statt. Der Andere kann mir eine Stütze in der Wertschätzung sein, die meiner Selbstbejahung und meinem Lebenswillen zugutekommt, indem sie meinen Glauben daran stärkt, dass es auf mich ankommt und dass mein Leben einen Wert hat, dass es gut ist, mein ursprüngliches Wollen zu erforschen und mein eigenstes Leben zu führen. Nach einer anderen Hinsicht betrifft die entgegenkommende Vorleistung anderer die Ressourcen, in denen mein Selbstsein wurzelt und auf die ich in der Ausbildung meiner konkreten Identität – meiner Vorhaben und Einstellungen, meiner Möglichkeiten und meiner Geschichten – angewiesen bin. Die Sinnressourcen, deren die rezeptiv-verstehende und kreative Selbstwerdung bedarf, kommen aus dem mit anderen geteilten, ursprünglich von anderen eröffneten Sinnraum, sie konkretisieren sich im Dialog mit fremden Deutungsangeboten und in Abstützung auf kulturelle und interkulturelle Anerkennung. Auch der zeitliche Zusammenhalt, der sich über die narrative Formgebung, in Erinnerung und Selbsttreue stabilisiert, kommt nicht durch die isolierte Eigenmacht des Subjekts, sondern im Zusammenspiel mit Erwartungen, Zumutungen und Vorgaben anderer zustande. Was ich bin, bin ich nicht durch mich allein. Die Rollen, die ich spiele, die Eigenschaften, die ich verkörpere, die Aufgaben, die ich erfülle, die moralische und politische Haltung, die ich einnehme – all dies gewinnt Realität im Raum des Zwischenmenschlichen. Nicht zuletzt wird der wesensmäßige Zusammenhang von Selbst und Andersheit im Negativen, in der Erfahrung mangelnder Anerkennung, gar von Missachtung, Feindseligkeit und Fremdheit erfahren. Kein Mensch lebt für sich allein, keiner kann aus sich heraus und in Abgeschlossenheit für sich authentisch sein, sein wahrhaftes Leben führen. Wenn zwar das Pathos der Eigentlichkeit nach einem verbreiteten Verständnis eng mit den Ideen der Eigenheit und Selbständigkeit verbunden ist, so liegt doch ihr entscheidender Fokus nicht im exklusiven Selbstbezug. Eigentlich sein heißt man selbst sein und sein eigenes Leben führen, seine wahren Bedürfnisse und sein innerstes Wollen kennenlernen, sich in seinen Äußerungen und in seinem Leben verwirklichen. Solche Selbstbezüglichkeit steht für eine spezifische Qualität des Lebensvollzugs, die nicht im isolierten Ich gründet, sondern sich im Leben mit Anderen und im Sein von Anderen her realisiert. Dass ich ich selbst bin und als ich selbst lebe, erschließt sich mir im Sozialen.

(c) *Befreiung von Selbsttäuschung*

Das Angewiesensein auf andere und Verbundensein mit anderen findet nach einer dritten Hinsicht darin statt, dass mir andere dazu verhelfen, wahrhaftig zu werden, Unwahrhaftigkeit zu überwinden. Die Pointe dieser Hilfe liegt darin, dass es nicht einfach darum geht, wie ich im Erwerb meiner Fähigkeiten, Eigenschaften und Tugenden durch andere gefördert und unterstützt werde. Nicht nur wird das Kind durch das Zusammenleben mit anderen zum sprach-, denk- und handlungsfähigen Wesen, und nicht nur erwerbe ich soziale Eigenschaften und Tugenden durch eine moralische Sozialisation und die Erfahrung des integren und solidarischen Verhaltens anderer. Es ist eine spezifische Schwelle, die im Übergang von der Unwahrhaftigkeit zum Wahrhaftig-Sein überschritten wird. Sie unterscheidet sich von den Entwicklungsschritten vom nicht-lesekundigen zum lesenden Kind, vom natürlichen Dasein zur ethischen Lebensform, von der ängstlichen Feigheit zur selbstsicheren Tapferkeit – das heißt von Übergängen, bei denen es, wie die aristotelische Ethik zeigt, um ein Einüben und praktisches Vertrautwerden geht, das sich im Verbund mit anderen, oft angeleitet durch andere, vollzieht. Beim Hinausgehen über die Unwahrhaftigkeit, Verlassen der Uneigentlichkeit, geht es demgegenüber um die Befreiung von einer Negativität, in welcher das Individuum in eigentümlicher Weise befangen ist und aus der es weder durch natürliches Wachstum noch durch willentlichen Entschluss ohne Weiteres herauskommt. Wie in zugespitzter Form in Zuständen der Willensschwäche und Akten der Selbsttäuschung, so findet auch im Uneigentlich-Sein ein paradoxes Sich-entgegen-Stehen, Sich-selbst-Behindern statt, von welchem das Individuum sich nicht unbesehen freimachen kann. Ich kann weder auf Befehl noch durch einfachen Beschluss authentisch ich selbst werden, je nachdem auch nicht illusionslos und ehrlich mir selbst gegenüber, eins mit meinem eigentlichen Wollen, transparent für mich und für andere in meinem Fühlen und meinem Ausdruck. Es ist ein Arbeiten an sich selbst, verwandt dem von Freud besprochenen »Durcharbeiten«[83], das nicht nur eine inhaltlich-exegetische Arbeit an Vorstellungsinhalten, sondern gleicherweise, ja vorrangig eine Auseinandersetzung mit psychischen Mechanismen, mit verdrängten Erlebnissen und verdeckten Wünschen beinhaltet. Ähnlich bedeutet das Zurechtkommen mit der teils intendierten, teils ungewollten Unwahrhaftigkeit ein Durchdringen von Selbsttäuschungen und Willenshemmungen, die sich in uneigentlichen Seins- und Verhaltensweisen verfestigen.

Zu solchem Durchdringen und befreienden Bewältigen gelangt der Einzelne teils absichtsvoll, teils unfreiwillig, durch die Hilfe, gegebenenfalls den Widerstand und die Eigeninitiative anderer. Dies geschieht in den Verwicklungen des verbalen Kommunizierens und tätigen Miteinander- und Gegeneinander-Agierens. Es geschieht im Anfragen und In-Frage-Stellen, im Fordern und Herausfordern, im gewährenden Entgegenkommen und verweigernden Widerstehen. Letzteres kann den Einzelnen auf sich zurückwerfen, das Gehäuse seiner Selbstkonstrukte und Verbergungen erschüttern. Ein exemplarisches Gefäß solcher heuristisch fruchtbarer Interaktion ist das psychoanalytische Gespräch. Die in seinem Medium durchgeführte therapeutische Intervention hat ihren Angelpunkt, wie Joachim Küchenhoff herausstellt, nicht in der Wahrheit des Gesagten, sondern in der Wahrhaftigkeit des Analysanden, und sie lässt erfassen, inwiefern »es den Anderen braucht, um mit Selbsttäuschungen fertig zu werden«.[84] Der Andere kann mir darin behilflich sein, er kann mich dazu nötigen, aber auch mir die Möglichkeit eröffnen, größere Klarheit über mich selbst zu erlangen, Intransparenz und Unwahrhaftigkeit mir selbst gegenüber zu durchbrechen. Analytische Techniken können diesem Zwecke dienen. Das Schweigen des Analytikers, das In-der-Schwebe-Lassen der objektiven Wahrheit der Erlebensberichte, das dialogische Mitphantasieren in Übertragung und Gegenübertragung können den Freiraum aufmachen, in dem ein vertieftes Sondieren, ein ungeschütztes Hören und authentisches Sagen möglich werden. Generell ist das Gespräch ein paradigmatischer Ort, an dem die genannte Akzentverschiebung vom Sachbezug zur zwischenmenschlichen Beziehung, von der Unverborgenheit der Dinge zur Wahrhaftigkeit als dialogischer Offenheit stattfindet, in welcher gleichwohl gerade die im Unwahrhaftigen verborgene Wahrheit erschließbar wird.[85] Rettend ist die therapeutische Arbeit nicht als Wiederherstellung eines objektiven Befunds oder als Behebung einer Dysfunktion, sondern als Bahnung des Wegs zu einem gelingenden Selbstsein. Im Anderen kann der Mensch zu sich kommen, gerade wenn er sich nicht in sich selbst finden kann; in der Anerkennung durch andere kann er ein Selbstsein gewinnen, das ihm in der Introspektion und im eigenen Spüren und Handeln abhanden gekommen ist. Der Mensch, der sich verloren hat, kann sich in der Begegnung mit anderen wiederfinden. Im Dialog kann er die verfestigte Unwahrhaftigkeit für sich und andere aufbrechen. Das emanzipatorische Potential der Anerkennung, ihre schützende, provozierende, heilende Kraft sind ein Initialmotiv und tragendes Fundament der Wahrhaftigkeit im menschlichen Dasein.

Nach dem Durchgang durch die inhaltlichen und strukturellen Facetten der Wahrhaftigkeit gilt es nun, das Phänomen als ganzes in seiner existentiellen Bedeutung zu vergegenwärtigen. Von vornherein sind wir mit dem schillernden Verständnis und der teils zwiespältigen Wertung konfrontiert worden, die den Begriff im alltäglichen Gebrauch wie in literarischen Werken und kulturellen Traditionen auszeichnen. Zur Herausforderung des Umgangs mit Wahrhaftigkeit und Integrität gehört nicht nur die existentielle Haltung und praktische Stellungnahme, sondern auch das begriffliche Sich-Klarwerden darüber, worin das Wahrhaftig- und Authentischsein eigentlich besteht, welches sein wahrer Wert ist, wieweit es zum Wesen unseres Selbstseins gehört, inwiefern wir es wirklich erstreben. Nicht zuletzt hat sich der Zwiespalt in der Polarität der entgegengesetzten Bestimmungen des Wahrhaftigen und Unwahrhaftigen gezeigt, die als Spannungsverhältnis beiden Begriffen innewohnt. Sie legt als methodischen Zugang eine ›negativistische‹ Perspektive nahe, die das Positive im Spiegel seines Anderen ergründet.

Dies ist im Folgenden genauer auszuführen. Zu verdeutlichen ist vorab die Logik einer vom Negativen ausgehenden, negativistischen Beschreibung, die in zweifacher Weise, mit einem methodischen oder einem inhaltlichen Fokus, ausformulierbar ist. Gleichzeitig ist der Frage nachzugehen, inwiefern der Ausgang vom Negativen einen genuinen Ausgriff auf das Positive, eine affirmative Leitidee des Eigentlichen und Wahren erkennen lässt und begründet. Auf diesem indirekten Weg ist das Problem der Wahrhaftigkeit zwischen Selbstfindung und Selbstverfehlung in seiner existentiellen Prägnanz zu entfalten.

5. Zwiespalt und Ambivalenz: Zwischen Wahrhaftigkeit und Unwahrhaftigkeit

Zur Signatur der Wahrhaftigkeit gehört nicht nur der strukturelle Gegensatz zu Phänomenen des Unaufrichtigen. In intrikaterer Weise ist sie mit der Uneindeutigkeit der Wertung, mit der Ambivalenz und Zwiespältigkeit im praktischen wie reflexiven Umgang mit Authentizität und Lüge behaftet. Schon der historische Blick rückt den Sachverhalt unübersehbar vor Augen. Die eingangs zitierte Parole vom Ende der Aufrichtigkeit ist ein Beispiel unter anderen. Rousseaus hohes Bekenntnis zur Offenheit und Ehrlichkeit, das den Ton seiner Schriften durchzieht (und im Appell an die Leser kulminiert: »craignez mes erreurs et non ma mauvaise foi«[86]), artikuliert ein im 18. Jahrhundert von vielen gepriesenes Ideal, das die freie bürgerliche Kommunikation von den inszenierenden und verhüllenden Praktiken des höfischen Adels abgrenzt.[87] Das aufklärerische Ideal entspricht einer anthropologischen Leitidee, welche die Selbstbestimmung mit dem originalen Ausdruck des Selbst und der Übereinstimmung mit der inneren Natur verbindet. Indessen ist es ein Ideal, das in der Moderne keine ungeteilte Zustimmung findet. Es dient zwar als Gegenbild zur Verengung und Verflachung des Lebens, wie sie in der sozialkritischen Entfremdungsdiagnose oder in der existenzphilosophischen Uneigentlichkeitsthese aufscheint. Gegen die zum Teil zeitbedingten Symptome des Verfalls und humanen Substanzverlusts wird auf Bilder des Authentischen, des Echten und Wahrhaftigen als Norm und moralische Gegenkraft rekurriert. Indessen kommt ihnen keine einhellige Wertung zu. Sie kommen zugleich als uneindeutige Leitbilder, als schwankend-zweideutige Phänomene, als ambivalente Konzepte in den Blick.

Eindringlich zeigt sich dies dort, wo der kultur- und sozialkritische Diskurs mit einer dezidierten Umwertung des Eigentlichen einhergeht. Drastisch bringt Nietzsche das jeder Wahrheitsliebe ins Gesicht schlagende Lob der Verstellung in seiner frühen Schrift

Über Wahrheit und Lüge im außermoralischen Sinne zum Ausdruck. Dabei geht es ihm nicht nur darum, »die Täuschung, das Schmeicheln, Lügen und Trügen, [...] das Maskiertsein, die verhüllende Konvention« als defizitären, doch unumstößlichen Normalzustand des sozialen Lebens anzuerkennen. Vielmehr würdigt er all dies als die eigentlich lebensdienliche Leistung des menschlichen Intellekts, angesichts deren ihm »fast nichts unbegreiflicher« scheint, »als wie unter den Menschen ein ehrlicher und reiner Trieb zur Wahrheit aufkommen konnte«, nachdem »kluge Tiere« in der »verlogensten Minute« der Weltgeschichte das Erkennen erfunden hatten.[88] Das Maskenspiel und die Verstellung sind das Fundament aller Kulturleistungen, das sich hinter dem vermeintlichen Streben nach reiner Erkenntnis und ehrlicher Rede verbirgt. Es ist eine Tiefenschicht, die, anders als im wissenschaftlichen und philosophischen Diskurs, in Kunst und Literatur nach ihrer eigenen Logik und in ihrem eigenen Potential zur Entfaltung kommen kann.[89] In einer Konstellation wie der von Nietzsche entfalteten geht es der kulturwissenschaftlichen Sondierung nicht allein um die zynische Absage an den Wahrheitswillen, sondern um das Sensorium für die Ambivalenzen der Aufrichtigkeit und die Mehrschichtigkeit im Umgang mit Erkenntnis und Sprache. Es geht um das Bewusstsein dafür, inwiefern Täuschung und Selbstbetrug, Abdunkelung und Verstellung in unser erkennendes und expressives Verhältnis zu uns und zu anderen hineinspielen können, in welcher Weise sie darin nicht nur als Beschränkungen und Abwege, sondern als konstruktive Medien des Erschließens und Mitteilens fungieren.

Hans Blumenberg hat in Anknüpfung an eine Tagebuchnotiz von Ernst Jünger geradezu von einem hilfreichen, »guten Instinkt« gesprochen, der den Menschen in bestimmten Situationen zum Nichtwahrhabenwollen und Verhüllen von Einsichten drängt; Jüngers Beispiel ist das Sich-nicht-vorstellen-Können des eigenen Todes, der ja für die Lebenden nicht vorhanden ist.[90] Als Gegensatz zu solch schützendem Verbergen weist Blumenberg auf den »martialischen Einfall«, die »rückhaltlose Ehrlichkeit« auch gegenüber Schwerkranken und Todgeweihten zum »Inbegriff der ärztlichen Standespflicht« zu erklären, und er erinnert an die humane Praxis der Notlüge und die »gnädige Unfähigkeit«, sich sein eigenes Nichtsein auszumalen.[91] Gegen das rigoristische Verdikt des Zeitgeistes, das »die Normalität des Daseins als dessen ontologische Uneigentlichkeit« abwertet, rehabilitiert er die »ebenso erstaunliche wie tröstliche Beschränktheit« in unserer Selbstwahrnehmung und Selbstbehauptung.[92] Der Mensch ist sich nicht in integraler Reinheit und Selbstherrschaft gegeben. Gegen die schonungslose Offenheit angesichts des Todes gehört der zeitweilige Selbstbetrug zu den Künsten und Rechten des Lebens.

Einen Schritt weiter in der Umwertung gehen jene Beschreibungen, welche die (Selbst-)Täuschung nicht nur als heilsamen Beistand in der Not des Lebens, sondern in ihrer eigenen Qualität der List, der Raffinesse, der höheren Zweckmäßigkeit würdigen. Die List des Odysseus, die verschlagenen Streiche des Till Eulenspiegel sind persönliche Eigenarten, die nicht einfachhin positiv gewertet werden, doch in ihrer Verquickung mit Scharfsinn und Intelligenz, gegebenenfalls ihrer Effizienz, affirmative Auszeichnungen ihrer Träger darstellen.[93] Verkleidungen, Simulationen, Heimlichkeiten ziehen sich durch die Kulturgeschichte wie ein Parallelkodex zu den Regeln der herrschenden Sozialordnung und Moral. Wenn ihnen im Normalfall eine Seite der Ambivalenz anhaftet oder ein offener Vorbehalt entgegenschlägt, so gibt es umgekehrt auch Zeugnisse der Rechtfertigung und Wertschätzung. Neben Nietzsches Lob der Verstellung – die er geradezu anthropologisch fundamentalisiert: »Alles was tief ist, liebt die Maske«[94] – sei auf Macchiavellis Verknüpfung der Politik mit der Kunst der Täuschung verwiesen. Bekannt ist die meist als anstößig behandelte Anweisung, dass der Fürst zum effizienten Staatshandeln gute Eigenschaften und Tugenden nicht in Wirklichkeit besitzen, doch ihren Schein zu erzeugen fähig sein müsse und dass er in gegebenen Situationen sein Wort halten oder brechen müsse und auf List und Gewalt als Mittel der Staatsraison zurückzugreifen habe.[95] In der Kontroverse zwischen ethischer Orientierung und einem ›realistischen‹ Politik-Verständnis wird der Dissens um die Wertung des Wahrhaftigen durch die Zeiten hindurch bis heute fortgeschrieben. Einen nochmals anderen Akzent setzt die Rehabilitierung der Täuschung dort, wo sie gegen die ethische Verurteilung auf die moralische Neutralität der Lüge setzt, die eine genuine Fähigkeit des menschlichen Sprechens darstelle – über die weder Tiere noch Maschinen verfügen –, deren Wert nicht für sich feststeht, sondern in Abhängigkeit von den guten oder schlechten Absichten variiert, denen sie dient.[96] Allenfalls kann sie als Missbrauch der Sprache angeprangert werden, als Widerspruch zu deren intrinsischem Zweck, welcher auf vertrauensvolle Verständigung und wahrheitsorientierte Rede gerichtet ist. Doch bleibt zu erweisen, inwiefern diese funktionale Erwägung ein tragfähiges normatives Argument im Streit um Eigentlichkeit und Uneigentlichkeit abzugeben vermag.

So bleibt als Fazit zunächst der schwankende, zwiespältige Status des Wahrhaftigen festzuhalten. Beiden Optionen kommt für sich eine hohe Plausibilität und Überzeugungskraft zu: dem Bekenntnis zu Offenheit und Transparenz im Reden und Handeln auf der einen Seite, dem Zweifel an der Wahrheit von Äußerungen und Taten in einer Hermeneutik des Verdachts auf der anderen. Letztere markiert in ihrem Titel den skeptischen Vorbehalt gegenüber dem Aussagegehalt und Geltungsanspruch, mit dem Sprachhandlungen und Lebensäußerungen, institutionelle Ordnungen und Akte in der sozialen Welt auftreten. Suspendiert ist im Verkehr mit ihnen die natürliche Unterstellung, die wir mit dem sinnhaft-verstehenden Weltbezug verbinden, dass Aussagen eindeutig, Behauptungen wahr, Handlungen ehrlich sind, und es gibt genug Anlass in den Erfahrungen des alltäglichen Lebens, solche Unterstellungen kritisch zu prüfen und gegebenenfalls zu revidieren. Spezifischer und in gewisser Weise tiefergehend ist die Revision in jenen Bereichen, für welche Ricœur das Modell der Verdachtshermeneutik – im Dialog mit den drei *maîtres du soupçon* Freud, Nietzsche und Marx – explizit ausformuliert hat. Es sind Bereiche getrübter Transparenz und Sinnhaftigkeit, in denen Verdeckungen und Verfälschungen nicht einfach als wesensmäßiger Ausdruck menschlicher Endlichkeit und Schwäche, sondern als Effekt kontingenter Verformungen zustandekommen, sei es, dass deren Genese intrapsychischen Zwängen oder Mechanismen sozialer Unterdrückung entstammt und sich in individuellen Handlungs- und Erkenntnisbarrieren oder in kollektiven Formen falschen Bewusstseins auswirkt. Psychoanalyse und Ideologiekritik stehen für die paradigmatischen Modelle kritischer Hermeneutik, die nicht nur das von Alfred Lorenzer und Jürgen Habermas formulierte Konzept eines ›explanatorischen Verstehens‹ ausführen, welches den Sinn einer zunächst unverständlichen Äußerung dadurch erschließt, dass es zugleich »die Bedingungen der Genesis des Unsinns« aufklärt.[97] Ebenso stehen sie für Formen des Sinndefizits und der Selbstintransparenz menschlichen Handelns und Sprechens und in diesem Sinn für Kristallisationspunkte der zwiespältigen Natur der Wahrhaftigkeit im menschlichen Dasein.

Wenn Hermeneutik sich generell mit Problemen des Verstehens von Äußerungen und Verhaltensweisen auseinandersetzt und sich an den Grenzen des Sinns abarbeitet, so gilt die spezifische Pointe der Hermeneutik des Verdachts jenen Sinndefiziten, die nicht nur für die Sinnrezipienten, den Leser und die Hörerin, sondern für die Sinnproduzenten selber bestehen, wo sich die Bedeutung einer Äußerung den Sprechenden und Handelnden selbst entzieht. Zwischen der Problemlage solchen Verstehens und dem inneren Zwiespalt des Wahrhaftigseins besteht eine offenkundige Affinität. Die Unklarheit für sich und die Nicht-Eindeutigkeit im Ausdruck schlagen sich in der Schwelle des Verstehens durch andere nieder. Die Schwierigkeit, über eine Person Klarheit zu gewinnen, potenziert sich, wo diese mit sich selbst nicht ins Reine kommt. Fremde Unklarheit oder Unwahrhaftigkeit bedingt ein eigenes, gegebenenfalls radikaleres Verstehenshindernis als die bewusste Verhüllung und Simulation. In alledem ist die Hermeneutik des Verdachts ein exemplarischer Referenzpunkt für die Verallgemeinerung, die in der Frage der Wahrhaftigkeit virulent wird. Sie steht für den generalisierten Vorbehalt, eine Art cartesianischen Zweifel spezifischer Art: nicht an der Wirklichkeit der Welt, sondern an deren innerer Wahrheit, an der Wahrheit und Verlässlichkeit der Dinge, der Personen, des Subjekts für sich selbst.

Im Anspruch auf Wahrhaftigkeit liegt das Bekenntnis zur Wahrheit, der Wille zum Wahr- und Aufrichtigsein im Verhältnis zu sich selbst und zu anderen. Dabei stellt sich die Frage, wie sicher wir dieser Wahrheit sein können. Wer weiß nicht nur, wer er ist, sondern auch, ob er sich wirklich kennt, ja ob er sich selbst gegenüber wirklich offen, im Umgang mit sich und anderen wirklich wahrhaftig ist? Es ist wiederum Nietzsche, der diesem Bedenken zugespitzten Ausdruck verliehen hat. »Über das, was ›Wahrhaftigkeit‹ ist«, meint er, »war vielleicht noch Niemand wahrhaftig genug«.[98] Man muss die eigenartige Formulierung nicht auf die Frage nach dem korrekten Verständnis des Begriffs der Wahrhaftigkeit beschränken. Ebenso kann man in ihr den Zweifel daran vernehmen, wie es um die eigene Wahrhaftigkeit, um den eigenen Wahrheitswillen, das eigene Wahrhaftig-Sein bestellt ist. In Frage steht die Aufrichtigkeit und Ehrlichkeit nicht nur unseren verborgenen Wünschen und Gedanken gegenüber, sondern im Umgang mit unserer eigenen Ehrlichkeit. Können wir wirklich, vollständig, in aufrichtiger Weise aufrichtig sein, können wir ›wahrhaftig wahrhaftig‹ sein? Können wir restlos authentisch, ›eigentlich‹ sein? Und sollen wir es? Wollen wir es?

Wir können versuchen, die verwickelte Natur solchen Selbstseins aufzuhellen, indem wir sie im Ausgang von der Gegenseite, vom Verfehlen und Scheitern, im Spiegel der Unwahrhaftigkeit in den Blick nehmen. Zu verdeutlichen ist der negativistische Zugang zur Frage nach der Wahrhaftigkeit.

6. Der Ausgang vom Negativen

Wir gehen vom Negativen aus – auch wenn wir uns für den Ausblick auf das Positive, für die Möglichkeit, eigentlich und wahrhaftig zu sein, interessieren. Mit dem Ansatz beim Negativen tragen wir nicht nur dem lebensweltlichen Zwiespalt, der unlöslichen Verstrickung zwischen der affirmativen und der negativen Seite im Phänomen der Wahrhaftigkeit Rechnung. Ebenso machen wir uns den heuristischen Gewinn einer negativistischen Betrachtung zunutze, einer Annäherung ex negativo an Gehalt, Potential und Aporetik des Wahrhaftig-Seins. Zur Verdeutlichung des Ansatzes legt sich eine Vorverständigung sowohl über die negativistische Zugangsweise als solche (5.1) wie über die negative Verfassung des auf diesem Weg thematisierten Gegenstandes (5.2) nahe.

6.1 Methodischer und ontologischer Negativismus

Die negativistische Betrachtungsweise kann einen zweifachen Fokus haben.[99] Sie kann sich auf die methodische Seite der Beschreibung ex negativo konzentrieren, und sie kann auf die negative Beschaffenheit des analysierten Gegenstandes abheben. Die beiden Prägungen lassen sich, je nach Akzentsetzung, als formaler vs. materialer oder als methodischer vs. inhaltlicher Negativismus charakterisieren. Generell geht es darum, sich über eine Sache im Ausgang von einem Negativzustand, in welchem etwas fehlt, misslingt, schmerzt, zu orientieren. Exemplarisch hat Michael Theunissen die »negativistische Methode« am Beispiel der Philosophie von Søren Kierkegaard dargestellt, der »von der Verzweiflung ausgeht und sich von ihr sagen lässt, was das Selbst ist«; ein klassisches Beispiel ist von alters her ebenso die Beschreibung, die »aus dem Kranksein eine Idee von Gesundsein« entwickelt.[100] Ebenso prägnant ist in der Sozialkritik der Ausgang von Ungleichheit und Unterdrückung, um im Gegenzug ein Bild der gerechten Gesellschaft zu entwerfen und die Forderung nach einer Umkehrung der Verhältnisse zu begründen. Dabei bietet sich die generelle Anweisung, etwas indirekt aus dem Negativen zu erfassen, in unterschiedlicher Weise als Methode an.

Die eine liegt darin, dass sie sich rein methodologisch, in Absehung von einer negativen Natur des Gegenstandes, gegebenenfalls gerade umgekehrt mit Blick auf dessen positive Eminenz definiert. Letzteres ist in der negativen Theologie der Fall, die darauf beharrt, dass wir von Gott keine positive Kenntnis, sondern nur ein Wissen davon haben können, was er nicht ist (endlich, mangelhaft, böse). Vom Höchsten sprechen wir nach neuplatonischer Lehre nur in negativen Aussagen. Wir sagen vom absolut Ersten und Einen nach Plotin aus, »was es nicht ist; und was es ist, das sagen wir nicht aus«.[101] In ihrer Intention und ihrem Gehalt ist solche negative Rede keine Beschränkung, sondern auf eine höchste Positivität gerichtet, eine negative Annäherung an ein höchstes Seiendes, das jenseits des Begriffs und rationalen Diskurses ist. Ähnlich hat man das Konzept negativer Metaphysik mit dem Absehen auf das verborgene Ansich in den Dingen jenseits des phänomenal und wissenschaftlich Erkennbaren verbunden.[102]

Neben dieser rein methodologischen Version sind zwei andere Typen des Negativismus zu nennen, die mit der logisch-negativen Betrachtungsweise zugleich die seinsmäßige Negativität des Gegenstandes zum Tragen bringen. Die eine, sozusagen schwächere Form finden wir paradigmatisch in den genannten Beschreibungen Merleau-Pontys realisiert, welche sich der Sinnhaftigkeit menschlicher Wahrnehmungs- und Verhaltensweisen in der Analyse gestörter und behinderter Erlebens- und Handlungsformen vergewissern. Exemplarisch analysiert Merleau-Ponty das beschädigte (körperliche, soziale, sprachliche) Verhalten eines Gehirnverletzten aus dem Ersten Weltkrieg, der über einen Großteil der normalen physischen und mentalen Fähigkeiten verfügt und in der Lage ist, auf Reize zu reagieren und auf Fragen zu antworten, doch in seinem Aufnehmen und Äußern kein wirklich sinnhaftes, volles Verhältnis zur Welt und zu anderen herstellen kann. Er erzählt nicht von sich aus Geschichten, geht nicht spazieren, ergreift nicht die Initiative zu einem gemeinsamen Unternehmen. Das defizitäre Verhalten weist gleichsam von sich aus auf das Nichterreichte, Verfehlte, dessen

Telos seine eigentliche Bestimmung mit ausmacht. Allgemeiner begegnen wir einer verwandten Betrachtungsweise in der Erörterung der Gesundheit im Spiegel ihres Fehlens in Krankheit und Verletzung. Die andere, radikalere Version hat ihren Fluchtpunkt in einer radikalen Kritik am Negativen, etwa in einer sozial- und geschichtskritischen Analyse im Ausgang von Leiden, Gewalt und Unrecht, mit dem von Adorno benannten Telos Negativer Dialektik, »Leiden beredt werden zu lassen«.[103] Auch hier liegt ein emphatischer Nachdruck auf dem negativistischen Fokus dieser Denkart, die nicht von sich aus eine normative Theorie des Guten zu entwerfen oder ein Bild des gelingenden Lebens und der gerechten Gesellschaft zu zeichnen vermag, sondern sich ihres Maßstabs in kritischer Auseinandersetzung mit realer Negativität und verhindertem Glück, in Abwehr eines Nichtseinsollenden, versichert.

Wenn wir vor diesem Hintergrund die Auseinandersetzung um Wahrhaftigkeit und Eigentlichkeit ins Auge fassen, so ist deutlich, dass der Ausgang vom Negativen, die Betrachtung der Wahrhaftigkeit im Spiegel des Unwahrhaftigen, kein rein methodologisch-negativer Zugang ist. Vielmehr haben wir es mit einem Phänomen zu tun, das uns in seiner Zwiespältigkeit, oftmals auch in seiner intrinsischen Negativität umtreibt, als etwas, das wir nicht billigen, nicht wollen können. Es liegt nicht in unserer Hand, die Negativität entsprechend der zeitgeistförmigen Kultur des Uneigentlichen zu suspendieren, das Phänomen gleichsam zu neutralisieren oder gar umzuwerten. Gleichzeitig ist der heuristische Gewinn der indirekten Herangehensweise zu betonen. Über das Wahrhaftige von dem her Aufschluss zu suchen, wie wir uns ›zunächst und zumeist‹ im Leben finden und uns verhalten, ist nicht nur eine epistemologische Not. Der Ausgang vom Defizitären bewirkt durch die negative Profilgebung eine Schärfung des Blicks. Nicht nur die Konturen des Mangels und des Scheiterns, auch das transzendierende Andere, die Integrität und affirmative Wahrhaftigkeit treten deutlicher hervor. Der Umgang mit verlogenen Mitmenschen weckt das Bedürfnis nach offener, ehrlicher Kommunikation. Wieweit das Phänomen im Ganzen, das in der sozialen Wahrnehmung in positiver wie negativer Prägung, als Wahrhaftigkeit wie als Unwahrhaftigkeit, präsent ist, durch den negativistischen Ansatz nach der einen oder anderen Seite akzentuiert wird, bleibt zunächst pendent und ist im Folgenden bestimmter zu konturieren. Fürs erste beinhaltet die negativistische Perspektive, in paradoxer Umkehrung, prima facie auch eine Rehabilitierung des Negativen: Es geht nicht nur um Entlarvung und Kritik, sondern auch darum, das Uneigentliche in seiner Eigengeltung und Stringenz, das Wahrhaftigsein *im* Unaufrichtigen ins Auge zu fassen. Damit ist nicht nur ein positiver Residualbestand in der vorherrschenden Negativität, sondern die Ressource einer genuinen Echtheit, vielleicht einer für den Menschen essentiellen Wahrhaftigkeit anvisiert.

6.2 Dimensionen des Negativen

Nach der negativistischen Betrachtungsweise ist die negative Verfasstheit des Gegenstandes ins Auge zu fassen. Komplementär zum methodologischen mag von einem ontologischen Negativismus die Rede sein. Inhaltlich sind wir im menschlichen Leben mit negativen Gegebenheiten verschiedenster Art konfrontiert, mit unterschiedlichen Facetten dessen, wovor wir uns fürchten, was wir fliehen und zu vermeiden suchen, wogegen wir uns zur Wehr setzen: Leiden und Unrecht, Erniedrigung und Verachtung, Schwäche und Misserfolg, Krankheit und Tod. Formell ist das Negative, das uns im menschlichen Leben begegnet, in zweifacher Hinsicht zu differenzieren: als Gegenstand einer theoretischen und praktischen Negation (a), als kontingente und als konstitutive Negativität (b).[104]

(a) *Theoretische und praktische Negativität*

Eine Negation kann in zwei Grundmodalitäten stattfinden: als theoretische Verneinung und als praktische Zurückweisung oder Missbilligung.[105] Ich kann Nein sagen zu einer Behauptung oder zu einem Befehl, ich kann bestreiten, dass etwas (so) ist, und ich kann mich dagegen aussprechen, dass etwas (so) sein soll. Das Negative als Gegenstand des Neinsagens ist einerseits ein Nichtseiendes bzw. Nich-so-Seiendes, andererseits eines, das nicht (so) sein soll, ein Nichtseinsollendes. Beide Arten des Negierens sind in der menschlichen Lebenswelt fundamental, Grundlage unseres

Verstehens und Erlebens wie unseres Sprechens und Handelns, sowohl in unserem Verhalten zu uns selbst wie zu anderen und zur Welt. Wir verstehen Sätze, wenn wir gleichzeitig ein Verständnis davon haben, dass sie wahr oder falsch sind, dass wir sie bekräftigen oder bestreiten können. Wir verstehen Befehle – oder Wünsche, Vorschriften, Werte – und können uns zu ihnen verhalten, wenn wir wissen, was es heißt, zu ihnen Ja oder Nein zu sagen. Die Bestimmtheit unseres Weltverhältnisses wie unserer Verständigung mit anderen impliziert den konstitutiven Bezug darauf, dass etwas anders sein oder nicht sein kann; darin unterscheidet sich die sprachvermittelte Kommunikation von einer mechanischen Interaktion. Es wäre eine eigene, weiterführende Frage, dem Grund dieser konstitutiven Verweisung auf die Negation sowie dem Verhältnis zwischen praktischem und theoretischem Neinsagen, ihrer Rangordnung und Verschränkung, nachzugehen.[106] In unserem Zusammenhang festzuhalten ist in erster Linie die theoretisch-praktische Dualität der Negation als solche.

Sie ist auf Seiten der Sache wie des Umgangs mit ihr auszumachen. Unwahrhaftigkeit kann im Selbstverhältnis als faktisches Defizit, als unserem Tun und Sein anhaftende Selbst-Intransparenz, als Unvermögen der Selbsterkundung und Selbstexpression ausgemacht werden oder aber als eine intentionale Vorspiegelung oder Verbergung, je nachdem auch als eine Behinderung, gegen die das Subjekt sich sträubt, die es im Innersten nicht will, die es zu überwinden sucht. Sie kann ein objektiver, quasi neutraler Sachverhalt oder aber eine Wunde im Selbstverhältnis, eine Herausforderung für das Subjekt sein. Ebenso kann der Umgang mit ihr aus der Außenperspektive, in der Wahrnehmung durch andere, ein registrierender, analysierender und erklärender sein oder im Modus der kritischen Zurückweisung und dekonstruktiven Entlarvung – beziehungsweise umgekehrt der Verteidigung, der Rehabilitierung – stattfinden. Sozialwissenschaftliche, literaturtheoretische, kulturhistorische Untersuchungen der Unaufrichtigkeit – der Intrige, der Lüge, der Maskierung – bewegen sich im weiten Feld dieser multiperspektivischen Auseinandersetzung um Formen und Zeugnisse des Unwahrhaftigen.

(b) *Kontingente und konstitutive Negativität*

Eine andere Differenzierung, neben der logischen Dualität von theoretischer und praktischer Negation, betrifft den ontologischen Status einer kontingenten oder konstitutiven Negativität. Es ist die Differenz zwischen einer zeitweiligen, konkret motivierten oder extern verursachten, im Prinzip korrigierbaren Unaufrichtigkeit auf der einen Seite und einer mit der Menschennatur unlöslich verbundenen Uneinigkeit mit sich und Tendenz zur Verstellung auf der anderen. Als naheliegender Ausgangspunkt der phänomenologischen Analyse erscheint die kontingente, intentional verschuldete Täuschung, welcher die Kritik und der moralische Tadel am Unwahrhaftigen korrespondieren. Naheliegend scheint sie auch darin, dass sie die faktische Lebensrealität in mannigfacher Weise kennzeichnet. Der historische und soziale Blick stößt auf Lüge und Betrug, auf Manipulation und Verstellung. Doch nicht nur, wo Falschheit einem intentionalen Wollen entspringt, wird sie zur theoretischen und praktischen Herausforderung. Ebenso irritierend ist die Konfrontation mit individueller und kollektiver Selbst- und Fremdtäuschung, wo diese nicht auf einer Täuschungsabsicht, sondern auf nicht-durchschauten Kräften und Mechanismen beruht. Die in der Hermeneutik des Verdachts herausgestellten, in Psychoanalyse und Ideologiekritik untersuchten Konstellationen stehen für Figuren des inneren Zwiespalts und der äußeren Falschheit, über welche die Subjekte nicht verfügen, die aber doch mit konkreten Bedingungen und Ursachen verknüpft sind, nicht einfach in der Wesensnatur des Menschen gründen. Sie können als Ausdruck innerer Konflikte, als Effekte von Scham und Angst, Zwang und Verdrängung in der Psyche, aber ebenso als Resultat äußerer Macht und Repression wirksam sein. Beides geht mit unterschiedlichsten Weisen der Beschädigung und Behinderung persönlicher Integrität, aber auch mit Formen des körperlichen und seelischen Leidens einher, unter denen das Nicht-Verfügen über das eigene Selbst in Erkenntnis und Ausdruck seinen bestimmten Platz hat. Einen besonderen Fall stellen die psychischen Störungen dar, die sich in pathologischer Selbstverfehlung und seelischem Leiden äußern.[107] Sie verkörpern nicht einfach wesensnotwendige Mängel und Disharmonien, sondern sind durch konkrete innerpsychische, biographische, körperliche oder soziale Faktoren bedingt. Gleichzeitig aber, so die daseinsanalytische Lesart, widerspiegelt sich in ihnen die conditio humana, weisen sie auf ihren Grund in der Endlichkeit und Hinfälligkeit alles Menschlichen. Phänomene der Falschheit und Entzweiung erstrecken sich im weiten Spektrum zwischen temporären, partiellen Verfehlungen und fundamentalen, wesentlichen Defiziten, die den Menschen im Ganzen seines Seins involvieren. Unwahrhaftig, uneigentlich zu sein ist ein Makel, der Individuen anhaftet, ein Defizit, das sie teils verschulden, dem sie teils ausgesetzt sind und unter dem sie leiden.

In konkreten Fällen kann ein fließender Übergang zwischen kontingenten, nicht-wesensnotwendigen Verzerrungen und Verdeckungen auf der einen Seite und anthropologisch bedingten, konstitutiven Weisen des Unwahrhaftigseins auf der anderen Seite bestehen. Letztere sind in eindringlicher Formulierung in Konzepten der Existenzphilosophie gefasst worden. Inauthentizität, Unechtheit, Intransparenz fungieren als Insignien der endlichen, fragilen, fehlbaren Natur des Menschen. Es ist dem Menschen in seiner ontologischen Schwäche nicht gegeben, sich in vollendeter Durchsichtigkeit selbst zu erfassen, sich in reiner Gestalt zu verwirklichen und unverhüllt anderen zu offenbaren. Wie ihm die partielle Verworrenheit und Disharmonie als untilgbarer Makel und Souveränitätsgrenze anhaftet, so kann ihm eine Tendenz zur Falschheit und Verstellung innewohnen. Heidegger hat die für das Individuum nicht ablegbare, zur Natur des Menschen gehörende Tendenz zum »Verfallen« beschrieben und sie mit der Grundbedingung der Existenz verbunden, in welcher dem Menschen das authentische Dasein als Last auferlegt ist, von welcher ihn die Flucht ins Uneigentliche – in die Alltäglichkeit des ›Betriebs‹, in die Oberflächlichkeit des ›Geredes‹ – befreit. In diesem Bedingungsverhältnis findet die uneigentliche Seinsform, in welcher der Mensch sich weithin bewegt, eine interne Begründung. Barbara Merker ist Heideggers Fundamentalisierung dieser Seinsverfassung nachgegangen, worin sich die existentiell entlastende Flucht in die moralisch-quasireligiöse ›Versuchung‹ hinein vertieft und die seinsmäßige Verdecktheit zum »Sündenfall« der »Selbsttäuschung« radikalisiert.[108] Von dieser explikationsbedürftigen Zweistufigkeit zwischen Endlichkeit und Sündenfall, gefesseltem und verdorbenem Willen[109] ist die andere Differenz zu unterscheiden, welche den ontologischen Grund der Unwahrhaftigkeit von deren konkreter Bedingtheit durch historische, gesellschaftliche, psychologische Ursachen unterscheidet. An Stelle der seinsmäßig vorausliegenden tritt dann die historisch und biographisch situierte Negativität.

In den Blick kommen die vielfältigen Phänomene des Unwahrhaftigen, denen wir im Alltag wie in kultur- und sozialwissenschaftlichen Untersuchungen begegnen. Auch hier geht es um eine Quasi-Normalität des Uneigentlichen, die aber nicht einfach mit der menschlichen Wesensnatur, sondern mit der spezifischen Lebensweise des modernen Menschen, der entfremdenden Verfassung des Sozialen, der Entwicklung der literarischen Kultur zusammenhängt. Es gilt als ein Kennzeichen des modernen Bewusstseins, nicht zu wissen, wie der Mensch zu leben hat, was seine wahre Bestimmung, seine wesentlichen Wünsche, seine natürlichen Grenzen sind. Dieses Auf-Abstand-Sein zu sich selbst kann einerseits als Charakteristikum des aufgeklärten Subjekts gelten, als Zeichen des Reflektiertseins, das dem von der Natürlichkeit und von äußeren Vorgaben abgelösten Selbst wesensmäßig zu eigen ist.[110] Auf der anderen Seite kann es mit der Gespaltenheit und inneren Desagregation einhergehen, die nach Sartre der Unwahrhaftigkeit innewohnt.[111] Es gehört zur Pointe der Sartre'schen Analyse der *mauvaise foi,* diese ontologisch, in einer selbstwidersprüchlichen Seinsverfassung des Selbst zu begründen: darin, dass das menschliche Dasein »ist, was es nicht ist, und nicht ist, was es ist«.[112] Die Unwahrhaftigkeit steht im unüberwindlichen Spannungsverhältnis zu ihrem Anderen, zur Wahrhaftigkeit *(bonne foi),* die der Desagregation zu entkommen sucht, indem sie zum wesenhaften Ansich flieht, »das sie sein sollte und keineswegs ist« – während umgekehrt die Unaufrichtigkeit vor dem Ansich in die innere Zersetzung flieht, die sie gleichzeitig leugnet, wie sie auch von sich selbst bestreitet, unaufrichtig zu sein.[113]

Diese sonderbar verwickelte Selbst-Inadäquanz ist nach Sartre Grundlage des unterhintergehbaren Sichverfehlens und Sichentzogenseins, das dem Subjekt im modernen Roman anhaftet.[114] Die modernen Romanschriftsteller, meint er, bestreiten die Möglichkeit, eine affirmative Geschichte des Individuums zu schreiben, wie denn auch die vorliegenden Autobiographien, Memoiren und Bekenntnisse nur fiktive Selbstkonstrukte sind, welche die »Ungleichheit des Menschen mit sich selbst« in einer vorgespielten Ganzheit verdecken.[115] Dass kein realistisches Abbild des Individuums und seines Lebens möglich ist, ist nicht nur der Grenze sprachlicher Darstellung geschuldet, sondern zuvor der Tatsache, dass der Mensch sich selbst nicht ungehindert zugänglich ist, dass die sein Leben durchziehende Selbstpräsenz in den narrativen Konstrukten nicht wirklich eingeholt werden kann. Der Autor solcher Selbstdarstellung, folgert Sartre, ist weder reines Wissens-Subjekt noch Wissensgegenstand, sondern ein »Quasi-Objekt und Quasi-Subjekt, das immer gegenwärtig ist und fortwährend entgleitet«.[116]

Viele Autoren haben das eigentümliche Unvermögen narrativer Selbst- und Fremdbeschreibung umkreist. Berühmt ist Robert Musils Schilderung der Sehnsucht nach einer »erzählerischen Ordnung« des Lebens: »Wohl dem, der sagen kann ›als‹, ›ehe‹ und ›nachdem‹! Es mag ihm Schlechtes widerfahren sein, oder er mag sich in Schmerzen gewunden haben«, doch sobald er imstande ist, sich sein Leben im zeitlichen Verlauf zu vergegenwärtigen, »wird ihm so wohl, als schiene ihm die Sonne auf den Magen«.[117] Die meisten Menschen, so Musil, »sind im Grundverhältnis zu sich Erzähler« – ein Hintergrund, vor dem sich der Verlust seines Protagonisten ermessen lässt, dem »dieses primitive Epische abhandengekommen« ist.[118] Tieferer Grund des Verlusts ist die Eigenart der verhandelten Person, die Musil als einen »Mann ohne Eigenschaften« schildert, dem nicht nur die substantielle Wesensbestimmung, sondern auch die spezifizierende Identität, die bestimmte Gestalt seiner Identitätsfindung und Selbstverwirklichung abhanden gekommen ist. Es ist ein Mensch, dessen Leben sich in einer eigentümlichen Indifferenz, einer Schwebe der Möglichkeiten hält, »gleich nah und weit zu allen Eigenschaften«, die ihm sämtlich »in einer sonderbaren Weise gleichgültig sind«.[119] In vielfältigen Figuren umschreibt Musil das Verbleiben im Unentschiedenen und Potentiellen, im Universum des »Möglichkeitssinns«[120] und Vorhof des Verwirklichens, bei gleichzeitiger Beschwörung eines erwünschten energischen Tätigseins. Es ist ein Leben im Modus des Sich-Verlaufens und Nicht-Ankommens, ein Zustand des Fremdseins und Sich-Fremdwerdens in der Welt und im Leben. Wenn solche Befindlichkeiten und Erlebensweisen in Musils Roman als profilierte Charakterzüge einer

Person in Szene gesetzt werden, so treten sie gleichzeitig in einem markanten zeitgeschichtlichen Rahmen, als Insignien einer Epoche und kulturellen Lebensform auf. Im Blick ist eine Welt, die von zahlreichen Zeitgenossen im Zeichen der Entfremdung, des Unwesentlichwerdens und der Haltlosigkeit beschrieben worden ist, welche sich im Seinsgefühl und in der Lebensart der Individuen niederschlagen.

In eindringlicher Weise reflektiert Judith Hermann die Schwierigkeit, eigenes wie fremdes Leben im Schreiben gegenwärtig werden zu lassen. Auch hier entsteht die Schwierigkeit, die in das Bekenntnis der Autorin mündet, dass sie dasjenige, was sie »eigentlich zu erzählen habe, nicht erzählen« könne und dass sich »das Verschweigen des Eigentlichen« durch all ihre Texte hindurch ziehe, nicht aus intrinsischen Aporien der Sprache, sondern aus dem Leben selbst.[121] Denn »Schreiben imitiert Leben, Verschwinden der Dinge, beständiges Zurückbleiben, Unscharfwerden, Erlöschen der Bilder«.[122] Es ist das Leben selbst, das sich nicht über sich klar wird, das sich unbegreifbar bleibt und allenfalls im Medium des Erzählens, im Anfangen und Beenden einer Geschichte versuchen kann, ein Lot in den tiefen Brunnen des Gewesenen zu senken, »in diese eine unbegreifliche Wirklichkeit« einzudringen und zur Sprache seiner selbst zu finden.[123] Wenn Schreiben Zeigen und zugleich Verbergen ist,[124] wenn es darin besteht, etwas vom Anfang her zu öffnen und in ihm zu verschließen, es auf das Ende hin zu entfalten und diesem zu entziehen, so verkörpert diese verschlungene Bewegung der Reflexion und des Schreibens nur die des Lebens selbst. Entgegen dem Ideal des Sprechens als Hellwerdenlassen und Offenbaren insistieren kritische Revisionen der Sprache auf deren Grenzen und intime Durchmischung mit Verwirrung und Dunkel. Diese können in den indirekten Medien des Logos in Schrift und Text erst recht aufdringlich werden und zur Not des Verstehens, doch umgekehrt auch zum Glanz der hermeneutischen Entzifferung und Auslegung führen. Der schillernde Titel der Poetik-Vorlesungen von Judith Hermann *Wir hätten uns alles gesagt. Vom Schweigen und Verschweigen im Schreiben*[125] evoziert das subtile Ineinander, das sich im Zwiespalt der eigentlich-uneigentlichen Wahrhaftigkeit widerspiegelt und das nicht nur eines der verbalen und gestischen Äußerung ist. Im Leben wie im Schreiben spielt die

Doppelung von Gegenwärtigwerden und Entgleiten, von Freilegen und Verbergen.

Eines der prominentesten Zeugnisse der Wahrhaftigkeit findet sich im Eröffnungssatz der *Essais* von Montaigne: »C'est ici un livre de bonne foi, lecteur«.[126] Das frontale, offene Bekenntnis an den Leser ist ein exemplarischer Ausdruck dessen, was im Wahrhaftigsein in Frage steht. Vor aller inhaltlichen Aussage jeden Zweifel an der Wahrheit des Gesagten, an der Aufrichtigkeit der sich äußernden Person auszuräumen scheint die stringenteste Eröffnung eines vertrauensvollen, gelingenden Gesprächs. Die proklamierende Behauptung ist keine bloße These zum Wahrheitsstatus des veröffentlichten Textes, sondern eine Selbstoffenbarung des Subjekts. Max Frisch nimmt beides im Vorspann zu seiner späten Erzählung *Montauk* auf, der er das Montaigne-Zitat voranstellt: »Dies ist ein aufrichtiges Buch, Leser [...]. Ich habe es dem persönlichen Gebrauch meiner Freunde und Angehörigen gewidmet, auf dass sie, wenn sie mich verloren haben, darin einige Züge meiner Lebensart und meiner Gemütsverfassung wiederfinden [...], denn ich bin es, den ich darstelle.«[127] Man hat die Eigentümlichkeit dieser initialen Aufrichtigkeitsbekenntnisse hinterfragt, die sich in anderer, gewissermaßen offenerer, entlarvenderer Form in Rousseaus Schriften wiederfinden, der mit ihnen einer Anklage, zumal einer Verdächtigung entgegentreten will. Seinen *Confessions* eignet ein manifest selbstläuternder Charakter und ebenso ein apologetisch-absolvierender Ton.

Doch auch wo keine solche Intention den Auftritt der Selbstdarstellung bestimmt, können Leserinnen und Leser nicht umhin, dem deklarierten Offenheitsbekenntnis mit Vorbehalt zu begegnen. In seiner dezidierten Haltung provoziert es geradezu den Verdacht. Ist es überhaupt möglich, in kompromissloser Offenheit sein Innerstes zu erfahren, es vor anderen offenzulegen, ja es rückhaltlos mitteilen zu wollen? Oder ist jede Selbstmanifestation unhintergehbar mit ihrem Anderen, der Unfähigkeit zum Offensein, gar dem Wunsch nach dem Geheimnis und dem Bedürfnis nach Verdeckung verquickt? Ist das offene Wort von der Lüge ablösbar – wie der Dada-Poet Tristan Tzara das alte Lügner-Paradox (»Der Kreter Epimenides sagt, dass alle Kreter Lügner sind«) ungerührt in die Gegenform verkehrt: »Je ments en écrivant que ne ne ments pas«?[128]

Doch geht es nicht nur um ein formales Bedenken gegen die integrale Selbsttransparenz und reine Selbstexpression. Tiefergehend ist der in der kritischen Hermeneutik reflektierte reale Verdacht, der Vorbehalt gegenüber der Prätention, mit welcher Wahrheitsansprüche und Bekenntnisse auftreten. Es reicht nicht, seine lautere Absicht zu bekunden, nicht einmal, von ihr überzeugt zu sein, um die Glaubwürdigkeit seines Tuns und Sagens abzusichern und ihren Wahrheitsgehalt zu garantieren. So ist auch von Montaigne, den Yves Delègue als Kronzeugen der Tradition der berühmten »clarté française« betrachtet, zu sagen, dass seine so entschiedene Haltung dem Zwiespalt der selbst-attestierten Wahrhaftigkeit nicht zu entkommen vermag. Es ist eine Tradition, die leicht vergisst, wo die vielgepriesene Klarheit von der härtesten Verblendung nicht ablösbar ist.[129] Delègue erkennt bei Montaigne ein zumindest implizites Bewusstsein dieser Verstrickung und kommt zum Schluss, dass die *mauvaise foi* »die ursprüngliche Gegebenheit ist, deren verschlungene Wege die *Essais* unablässig beschreiben und gegen die sie sich als letzte Parade aufstellen«.[130] So führen die Erkundungen des Wahrhaftigen in seiner Verschlingungen mit dem Unwahrhaftigen in das Umfeld der existentiellen *mauvaise foi* zurück, die Sartre in der widersprüchlichen Seinsart des Menschen begründet und die nach ihm nichts anderes bedeutet, als dass »das Ideal der Aufrichtigkeit eine unmöglich zu erfüllende Aufgabe« darstellt.[131]

7. Vom Negativen zum Positiven: Wahrhaftigsein im Uneigentlichen

Wenn Aufrichtigkeit eine unerfüllbare Aufgabe ist, so besteht die Alternative nicht einfach im Bekenntnis zur Falschheit. Die pointierte These, dass Wahrhaftigkeit eine unerfüllbare Aufgabe, ein unerreichbares Ziel darstelle, spricht vom Ideal des Wahrhaftigen, von der reinen Wahrhaftigkeit. Sie kann nicht die Idee selbst dementieren. Sie kann nicht die Ausrichtung auf Wahrhaftigkeit, die dem Lebenswillen bei aller Gegenstrebigkeit innewohnt, aushöhlen oder widerlegen. Die fundamentale Schwierigkeit, wahrhaftig und eigentlich zu sein, bringt Gegenkräfte der Verstellung, Tendenzen des Verfallens zum Tragen. Sie nötigt den Wahrheitswillen zur Gegenwehr, zur kritischen Auseinandersetzung, zum Umweg.

Ernst zu nehmen ist der negativistische Zugang zur Aufrichtigkeit, der kein rein methodischer ist. Er meint den Ausgang von einem Unwahrhaftigen, das in seiner realen, teils belastenden, teils destruktiven Negativität erfahren wird. Im Spiel ist mehr als eine Polarität entgegengesetzter Grundhaltungen, mehr als ein inneres Schwanken und ein Zwiespalt im Wahrhaftigsein. Sich im Erkennen und Handeln selbst zu verfehlen ist ein ebenso ursprünglich Negatives wie das Verweigern der Offenheit und Sichverstellen gegenüber anderen. Das Unwahrhaftige soll nicht sein. Doch ist die Negativität eine, die wir nicht nur missbilligen und von der wir uns nicht einfach abstoßen, sondern eine, die unser Leben mit ausmacht, durch die wir hindurchgehen, der wir teils unterliegen, die wir teils willentlich oder unwillentlich selbst vollziehen, unter der wir leiden. Sie ist integraler Teil unserer endlichen Existenz, doch nicht einfach als bestehende, vorgegebene Schicht unseres Seins, sondern als eine Negativität, die uns herausfordert, mit der wir uns auseinanderzusetzen haben und im Geflecht mit welcher wir unsere konkrete Freiheit realisieren.[132]

Gerade die literarischen Werke, die von der Nicht-Selbstverständlichkeit des Eigentlichen ausgehen, lassen erkennen, inwiefern in der Erfahrung des Unwahrhaftigen ein falsches Idol souveräner Selbstbestimmung sich auflöst und in der »paradoxen Streuung unserer Unaufrichtigkeit« ein Weg zur »eigenen Dichte des Menschlichen« sich auftun kann.[133] Die Komplexität und Tiefe der *mauvaise foi* widersetzt sich der schematischen Transparenz einer idealen Romanfigur wie der Schlüssigkeit einer simplen Intrige oder der Reinheit einer gutgläubigen Moral. Die Konfrontation mit der vielschichtig verschlungenen Negativität des Unaufrichtigen ist das Medium einer authentischen Aneignung der individuellen wie kollektiven Lebenswelt und ihrer Geschichte. Es ist kein Zufall, dass nicht nur philosophische Konzepte, die auf die »Ambiguität« der Existenz abheben[134], sondern auch literarische Werke, die den Verwirrungen und Zweideutigkeiten des Lebens nachgehen, für die moderne Rezeption eine hohe Überzeugungskraft besitzen. Schon in der französischen Klassik mag man »eine Art goldenes Zeitalter der Unwahrhaftigkeit« verorten, namentlich im Theater bzw. in der Komödie, die geradezu eine Doppelbödigkeit konkurrierender Maskenspiele inszeniert, worin etwa die religiöse Heuchelei (Molières *Tartuffe*) von einer Gesellschaft entlarvt wird, die ihrerseits ihre theatralischen Verdeckungen feiert.[135]

Indessen gehört es zur Substanz der künstlerischen und literarischen Auseinandersetzung, dass ihre Pointe nicht in der bloßen Desillusionierung über den Trug oder im Lächerlichmachen der Verstellung besteht. Zentral ist die Reflexion über die unhintergehbare Abgründigkeit des Falschen und die Verankerung der Ehrbarkeit in ihrem Anderen. Der ehrbare Mensch, *l'honnête homme,* steht für eine Aufrichtigkeit, die sich in bestimmter Weise mit der *mauvaise foi* auseinandergesetzt, sich ihr entwunden hat. Den Hintergrund der kritischen Reflexion bildet der Zweifel, ob Wahrhaftigkeit überhaupt in einer integralen Weise und unvermischten Form möglich sei. Ob wir restlos *bona fide* sein können, liegt nicht auf der Hand. Ob wir in Sachen Aufrichtigkeit je ehrlich genug sind, hat Nietzsche bezweifelt. Es ist die Frage, ob in unser Bemühen um (Selbst-)Transparenz nicht immer schon Abwehrkräfte und Verdrängungen hineinspielen. Was wirklich Aufrichtigkeit sei, lässt sich ebensowenig einfach offenlegen, wie die Abgründe und Motive der Verstellung ans Licht zu bringen sind. Wahrhaftigkeit und Unwahrhaftigkeit sind gleichermaßen komplexe, unübersichtliche Sachverhalte, und die Komplexität mag ein Grund dafür sein, dass die zwiespältige Haltung der Unwahrhaftigkeit in der Begriffsreflexion oft in den Hintergrund rückt und an ihrer Stelle eher die dezidierte Falschheit der Lüge zum Thema wird. Indessen hat jene nicht nur bei Sartre ihren prominenten Ort. Figuren und Konstellationen der *mauvaise foi* bilden ein zentrales Ingrediens des Alltagslebens wie des kulturellen und literarischen Diskurses. Umso wichtiger ist es, nach der Sichtung der polaren Begriffe das dynamische Verhältnis und die Bewegung zwischen dem Wahrhaftigen und dem Unwahrhaftigen näher ins Auge zu fassen. Wenn das Ernstnehmen der Negativität den Ausgangspunkt einer Auseinandersetzung mit der *mauvaise foi* bildet, so stellt sich die Frage, wie die Blickwendung zum Positiven, die Umkehr zur Wahrhaftigkeit, die Ermöglichung des Eigentlichen zustande kommt.

Es sind unterschiedliche Figuren, entlang derer die Theorie den Weg vom Defizit zur Erfüllung skizziert. Die radikalste Form ist die des Umschlags aus dem Negativen ins Positive, wie ihn Hegel im Kern des dialektischen Prozesses festmacht. Barbara Merker geht der Frage nach, wie in Heideggers Existenzphilosophie das Hinausgehen aus der Uneigentlichkeit, in der wir uns im Alltagsleben einrichten, hin zur eigentlichen Existenz möglich ist, und sie schlägt vor, die religiöse Matrix von Versuchung, Sündenfall und Erlösung als Schlüssel für die Bewegung des Subjekts aufzufassen.[136] Auch Kierkegaard fasst die Befreiung aus der selbstdestruktiven Verzweiflung analog einem Akt der Konversion als ein Sichgründen im Gottesverhältnis auf. Indessen sind solche Modelle Idealfiguren, die den existentiellen Ausgang aus dem Unwahrhaftigen nur unzulänglich fassen. Die im Kontext der Zeit- und Kulturdiagnose wie der literarischen Zeugnisse gesammelten Vorstellungen des Uneigentlichen und seiner Umwendung folgen nicht dem Vorbild der Umkehr zwischen Extremen. Weder findet in ihnen der absolute Umschlag noch das Ankommen in einem totaliter Anderen statt. Wenn Literatur das Sensorium für die Zwischenlagen und Verschlingungen wachhält, in welchen die existentielle Intransparenz und das Sich-Abarbeiten an der Täuschung wurzeln, so liegt auch der Mündungspunkt der Umkehr nicht in der erlösenden Befreiung und verklärenden Transformation. Zwischen beiden Seiten findet eine Verschränkung statt, die nicht nur die Umkehr aus der

»Arbeit des Negativen«[137] hervorgehen lässt, sondern auch in der Befreiung zum Wahren einen untilgbaren Rest des unaufgehellten Dunkels bestehen lässt.

In dieser Mischlage findet die Wende, die Bewegung zum Authentischen statt, die sich nicht nur in bestimmten Weisen des Tuns und Erlebens kristallisiert, sondern namentlich im reflexiven Medium des Ausdrucks niederschlägt. Literarische Werke wie die genannten legen Zeugnis ab von der rettenden Schreibpraxis, die nicht die Unklarheit des Subjekts in reine Einhelligkeit verwandelt, doch es mit der Verwirrung und Selbsttäuschung so umzugehen befähigt, dass es im Ausdruck sich findet und sein Leben mit sich in Einklang kommen lässt. Es ist ein Schreiben, sinniert Judith Hermann, »wie ich träumen würde, würde ich träumen«, ein Sehen und Sprechen, das alles sagt und nichts behauptet, eine Kunst des Verstellens und Verfremdens, in dem »am Ende nichts mehr richtig ist, aber alles wahr«.[138] In verwandter Weise demonstriert die mit Montaignes Aufrichtigkeits-Präambel einsetzende Erzählung von Max Frisch eine befreiende Offenheit ohne Selbstentblößung, Zeugnis eines Meisters der Andeutung.[139] Im Umgang mit dem Uneigentlichen liegt ein affirmatives Potential, das eine kritische Lektüre und sensible Schreibarbeit zu heben vermag und zu entfalten getrieben ist, im Interesse der Auslotung nicht nur der Zonen des Dunkels, sondern der Helle des Eigentlichen. Wenn Schreiben nach dem Wort von Judith Hermann das Leben imitiert, so gilt solche Mimesis nicht nur für das Verschweigen und Verdecken, sondern desgleichen für das Offenbaren und Sagen. Dies bedeutet nach der Gegenseite, dass etwas vom affirmativen Potential, das sich im literarischen Werk exemplarisch öffnen kann, auch dem Leben innewohnt. Der existentielle Umgang mit dem Dunklen und Unwahrhaftigen erschöpft sich nicht in dessen negativer Seite, in der Konfrontation mit Mangel und Falschheit. Er kann intrinsisch positive Momente des Unwahrhaftigen zum Tragen bringen, so die lebensfreundliche Entlastungsfunktion, die von überfordernden oder schmerzlichen Elementen des Wahrheitswillens Abstand gewinnt, oder auch die dem Verhüllen und Verkleiden eigene imaginative und schöpferische Kraft. Darüber hinaus aber geht es darum, dass die Auseinandersetzung mit dem Negativen als solche zum Gefäß einer Lebensbejahung wird, welche die Endlichkeit und

Schwäche des Menschlichen ernst nimmt und das befreiende, erfüllende Potential der Arbeit des Negativen auslotet. Wie die Pointe von Musils *Mann ohne Eigenschaften* nicht in der Karikatur oder Entlarvung einer Lebensform besteht, sondern darin, eine Wahrheit über die moderne Existenz auszusagen, und wie Sartres Kellner als Personifikation eines beruflichen Rollenspiels nicht einfach das wahre Dasein verfehlt, so haben wir vom Leben generell zu sagen, dass es nicht in einer fiktiven Identitätskonstruktion oder heroischen Selbstermächtigung, sondern im Tragen seines Schicksals und Austragen seiner Endlichkeit zur Wahrheit eines authentischen Daseins findet.

So findet in solchen Konstellationen eine Art Rehabilitierung des Unwahrhaftigen statt. Es ist eine andere Ehrenrettung als diejenige, die man in Heideggers Normalisierung der alltäglichen Lebensweise sehen kann oder die in der Unhintergehbarkeit der *mauvaise foi* bei Sartre angelegt ist. Es ist eine Rehabilitierung, die durch die Arbeit des Negativen hindurchgegangen ist und sich die Kraft, welche in der Auseinandersetzung mit dem Negativen steckt, zunutze macht, um aus dem Negativen heraus Wege des eigentlichen Selbstseins zu erkunden. Es ist eine Rettung des Fragmentarischen, Verborgenen und Endlichen, die der »Ehrenrettung der schlechten Unendlichkeit« verwandt ist, in welcher Gadamer das Herz der hermeneutischen Praxis sieht, die sich im Bewusstsein des Nicht-zum-Abschluss-Kommens an den Grenzen des Sinns abarbeitet und im »Vorgriff der Vollkommenheit« nach einem gelingenden Verstehen strebt.[140] Das Unwahrhaftige, das Scheitern und Verfehlen im Lebensvollzug werden nicht schlichtweg verworfen, sondern in ihrer unerfüllten Gerichtetheit angenommen und in ihrer Würde, in gewisser Weise auch ihrer Ernsthaftigkeit und Menschlichkeit gewahrt. Es ist eine Akzeptanz, die der von Freud geforderten Aufnahme der Krankheit in das Leben verwandt ist, die dem Kranken »nichts Verächtliches« bleiben darf, sondern »ein Stück seines Wesens« werden soll, »das sich auf gute Motive stützt, aus dem es Wertvolles für sein späteres Leben zu holen gilt«. Das Negative wird nicht einfach ins Gegenteil gewendet, sondern in seiner Art respektiert (in »einer gewissen Toleranz fürs Kranksein« und »Versöhnung mit dem Verdrängten«).[141] Es ist ein Gewahren des Mangels und der Nichtigkeit, ein »Leiden am Dasein«, das von einer Einsicht in Bedingungen des Menschseins und einer Hellhörigkeit für das Fehlende begleitet ist.[142] Beide Seiten durchdringen sich in einem Wechselbezug, der das Negative in seiner Lebensfunktion rehabilitiert und das Positive vom Anderen her erhellt, wobei die entgegengesetzten Pole nicht in ihrer Reinheit für sich bestehen bleiben. In diesem Sinne ist gegen das abstrakte Ideal dichterischer Wahrhaftigkeit eine Neuvermessung und Umwertung postuliert worden, im Sinne einer originär modernen poetischen Aufrichtigkeit, die, wie Jacques Rivière im Briefwechsel mit André Gide betont, nicht mit einem Mal, in einem Satz zum endgültigen Ausdruck kommt, sondern in ihren Ab- und Umwegen vom »Respekt für die Komplexität der Seele« Zeugnis ablegt.[143] In der Literatur wie im Leben findet eine Selbstexplikation des Lebens statt, die sich in einer nicht abschließbaren Verständigung mit anderen und Auseinandersetzung mit sich selbst vollzieht.

Im Fluchtpunkt der mäandernden Durchquerung des Unechten und Falschen scheint die Idee einer Wahrhaftigkeit im Unwahrhaftigen auf. In gewisser Affinität zu der von Nietzsche erwogenen Figur eines wahrhaftigen Wahrhaftig-Seins zeichnen sich Umrisse einer Eigentlichkeit im Uneigentlichen ab. Gegen die isolierende Trennung der Opposita geht es darum, eigentlich zu sein im Ausgang vom Uneigentlichen und im Durchgang durch das Uneigentliche. Die Durchdringung steht nicht für eine willkürliche Motivverbindung, sondern für eine Notwendigkeit in der Sache: dafür, dass die Unwahrhaftigkeit nicht als Negativum für sich Bestand hat und dass sich die Wahrhaftigkeit nicht jenseits des Unwahrhaftigen ihrer selbst versichert. Die intime Verknüpfung meint keinen Kompromiss und keine Mäßigung. Sie steht für ein Ernstnehmen der Existenz und für ein Höchstes im Selbstsein. Wahrhaftigkeit, Aufrichtigkeit, Eigentlichkeit sind Chiffren, unter denen wir uns, im Bewusstsein des Verfehlens, über das Sein und Wollen des Menschen verständigen.

Anmerkungen

[1] So der Titel der deutschen Übersetzung (1980, München) der 1972 publizierten Abhandlung *Sincerity and Authenticity* von Lionel Trilling (Cambridge Mass.: Harvard University Press).

[2] Theodor W. Adorno, *Jargon der Eigentlichkeit. Zur deutschen Ideologie,* Frankfurt a. M.: Suhrkamp 1964.

[3] Vgl. Emil Angehrn / Joachim Küchenhoff (Hg.), *Selbsttäuschung: Eine Herausforderung für Philosophie und Psychoanalyse,* Weilerswist: Velbrück Wissenschaft 2017.

[4] Platon, *Politeia* 490c2–8.

[5] Immanuel Kant, *Metaphysik der Sitten,* Tugendlehre § 9.

[6] Immanuel Kant, »Über ein vermeintliches Recht, aus Menschenliebe zu lügen« (1797), in: Werke in zwölf Bänden, Band 8, Frankfurt a. M. 1977.

[7] Otto Friedrich Bollnow, *Wesen und Wandel der Tugenden,* in: Studienausgabe in 12 Bänden, Band II, Würzburg: Königshausen & Neumann 2009, S. 230.

[8] So in Sartres Analyse der ›mauvaise foi‹, in: *L'être et le néant,* Paris: Gallimard 1943, S. 85–93.

[9] Peter Bieri, *Eine Art zu leben. Über die Vielfalt menschlicher Würde,* München: Hanser 2013, S. 213–240.

[10] Paul Natorp, *Sozialpädagogik. Theorie der Willenserziehung auf der Grundlage der Gemeinschaft,* Stuttgart: Frommann (1899) [2]1904. S. 113.

[11] Bernard Williams, *Der Wert der Wahrheit,* Wien: Passagen 1996, S. 16 ff.

[12] Ebd., S. 89.

[13] Claudia Welz, »Wahrhaftigkeit zwischen *aletheia* und *emet*: Kierkegaards Existenzdenken, Heideggers Ontologie und Bubers Dialogphilosophie«, in: Hermeneutische Blätter 24/1, 2018: *Wahrhaftigkeit,* Institut für Hermeneutik und Religionsphilosophie. Theologische Fakultät Zürich, S. 200–215, hier S. 204.

[14] Jürgen Habermas, *Theorie des kommunikativen Handelns,* 2 Bde., Frankfurt a. M.: Suhrkamp 1981.

[15] Donald Davidson, *Inquiries into Truth and Interpretation,* Oxford: Clarendon Press 1974.

[16] Bernard Williams, *Der Wert der Wahrheit,* a. a. O., S. 32.

[17] Vgl. Emil Angehrn, »Selbstsein und Selbstverständigung. Zur Hermeneutik des Selbst«, in: Emil Angehrn / Joachim Küchenhoff (Hg.), *Die Vermessung der Seele. Konzepte des Selbst in Philosophie und Psychoanalyse,* Weilerswist: Velbrück Wissenschaft 2009, S. 163–183.

[18] Søren Kierkegaard, *Die Krankheit zum Tode,* Werkausgabe 1, Düsseldorf/Köln: Diederichs 1971, S. 383–553, hier S. 404 (XI 134) [KT 9].

[19] Vgl. Christoph Wiesinger, *Authentizität. Eine phänomenologische Annäherung an eine praktisch-theologische Herausforderung,* Tübingen: Mohr Siebeck 2019, S. 2 f.; Paul Sailer-Wlasits, *Eigentlichkeit. Philosophische Besichtigungen zwischen Metapher, Zeugenschaft und Wahrsprechen.* Ein Essay, Würzburg: Königshausen & Neumann 2020.

[20] So ein Einwand von Otto Friedrich Bollnow gegen Jean-Paul Sartre: *Wesen und Wandel der Tugenden,* in: Studienausgabe in 12 Bänden, Band II, Würzburg: Königshausen & Neumann 2009, S. 240 ff.

[21] Martin Heidegger, *Sein und Zeit,* Tübingen: Niemeyer [10]1963, S. 191, 188.

[22] Ebd., S. 167, 259 passim.

[23] Ebd., S. 12.

[24] Karl Jaspers, *Philosophie II. Existenzerhellung,* Berlin/Heidelberg/New York. Springer [4]1973, S. 35, 45.

[25] Martin Heidegger, *Sein und Zeit,* a. a. O., S. 42.

[26] Karl Jaspers, *Philosophie II,* a. a. O., S. 35.

[27] Vincent Descombes, *Die Rätsel der Identität,* Berlin: Suhrkamp 2013, S. 111 ff.

[28] Ebd., S. 113–121, 129 f.

[29] Paul Sailer-Wlasits, *Eigentlichkeit,* a. a. O.

[30] Charles Taylor, *Das Unbehagen in der Moderne,* Frankfurt a. M.: Suhrkamp 1995, S. 57, 72.

[31] Vgl. Hermann Schmitz, *selbst sein. Über Identität, Subjektivität und Personalität,* Freiburg/München: Alber 2015, S. 79.

[32] Rahel Jaeggi, *Entfremdung. Zur Aktualität eines sozialphilosophischen Problems,* Frankfurt a. M.: Campus 2005, S. 148, 156 ff.

[33] Ebd., S. 156.

[34] Ebd., S. 187, vgl. 236 f.

[35] Georg Wilhelm Friedrich Hegel, *Phänomenologie des Geistes,* Hamburg: Meiner [6]1955, S. 15.

[36] Charles Taylor, *Quellen des Selbst. Die Entstehung der neuzeitlichen Identität,* Frankfurt a. M.: Suhrkamp 1996.

[37] Aristoteles, *Nikomachische Ethik,* 1168a6–7.

[38] Vgl. Emil Angehrn, »Selbstsein und Selbstverständigung. Zur Hermeneutik des Selbst«, a. a. O., S. 163–183; Hans Lenk, *Interpretationskonstrukte. Zur Kritik der interpretatorischen Vernunft,* Frankfurt a. M.: Suhrkamp 1993.

[39] Richard Rorty, »Freud und die moralische Reflexion«, in: ders., *Solidarität oder Objektivität? Drei philosophische Essays,* Stuttgart: Reclam 1988, S. 55, 61, 70.

[40] Charles Taylor, *Das Unbehagen der Moderne,* a. a. O., S. 77 f., 93 f.

[41] Vgl. Emil Angehrn, »Der Mensch in der Geschichte – Konstellationen historischer Identität«, in: Emil Angehrn / Jörg Jüttemann, *Identität und Ge-*

schichte, Göttingen: Vandenhoeck & Ruprecht 2018, S. 7–52; *Geschichte und Identität,* Berlin & New York: de Gruyter 1985.

[42] In profilierter Weise hat Paul Ricœur die Idee der Identität als Selbigkeit/Nämlichkeit *(mêmeté)* ausgearbeitet und mit der Identität im Sinne der Selbstheit *(ipséité)* kontrastiert, die er im Sinne des im Vorigen besprochenen Konzepts des ›es selbst‹, d.h. der Subjektfunktion des selbständig tätigen und aus sich heraus initiativen Menschen, interpretiert. Beide Bedeutungen sind nach ihm gleichermaßen konstitutiv für das personale Selbst und im Besonderen für die narrative Identität: Vgl. Paul Ricœur, *Temps et récit,* Tome I, Paris: Seuil 1983, S. 352–358; vgl. ders., *Soi-même comme un autre,* Paris: Seuil 1990, S. 167–193; *Parcours de la reconnaissance.* Trois études, Paris: Editions Stock 2004, S. 163–170.

[43] Charles Taylor, *Das Unbehagen in der Moderne,* a. a. O., S. 75 f.

[44] Rahel Jaeggi, *Entfremdung,* a. a. O., S. 132 ff.

[45] Ebd., S. 190 ff.

[46] Michael Theunissen, *Der Begriff Ernst bei Søren Kierkegaard,* Freiburg/München: Alber 1958, S. X.

[47] Ebd., S. 11.

[48] Ebd., S. 19, vgl. 119 f.

[49] Aristoteles, Metaphysik VII.6.

[50] Rahel Jaeggi, *Entfremdung,* a. a. O., S. 12; vgl. Karl Marx / Friedrich Engels, *Die deutsche Ideologie,* in: Karl Marx / Friedrich Engels, Werke, Band 3, Berlin: Dietz 1969, S. 33.

[51] Marx/Engels, *Die deutsche Ideologie,* a. a. O., S. 33.

[52] Friedrich Nietzsche, *Zur Genealogie der Moral,* in: Kritische *Studienausgabe,* Bd. 5, München/Berlin/New York: dtv/de Gruyter 1980, S. 245–412, hier S. 245 f.

[53] Ebd., S. 257.

[54] Paul Ricœur, *De l'interprétation. Essai sur Freud,* Paris: Gallimard 1965, S. 40 ff.; Paul Riœur, *Le conflit des interprétations. Essais d'herméneutique,* Paris: Gallimard 1969.

[55] Emil Angehrn, »Das Vergangene, das nie gegenwärtig war: Zwischen Leidenserinnerung und Glücksversprechen«, in: Emil Angehrn / Joachim Küchenhoff (Hg.), *Das unerledigte Vergangene: Konstellationen der Erinnerung,* Weilerswist: Velbrück Wissenschaft 2015, S. 175–205.

[56] Vgl. Emil Angehrn, *Die Frage nach dem Ursprung. Philosophie zwischen Ursprungsdenken und Ursprungskritik,* München: Fink 2007.

[57] Nach Claudia Welz wird Selbsttäuschung »zwar durch eigenes Zutun erzeugt und aufrechterhalten, ist aber kein bewusst gefasster Entschluss […], sowohl das Symptom eines defekten Willens als auch einer existentiellen Selbstvergessenheit«: Claudia Welz, »Wahrhaftigkeit zwischen *aletheia* und *emet*«, a. a. O., S. 201

[58] Friedrich Nietzsche, *Zur Genealogie der Moral,* a. a. O., S. 397 f.

[59] Vgl. Rahel Jaeggi, *Entfremdung,* a. a. O., S. 53, 155 f., 159.

[60] Vgl. Vincent Descombes (mit Bezug auf E. Erikson), *Das Rätsel der Identität,* a. a. O., S. 86.

[61] Vincent Descombes, *Das Rätsel der Identität,* a. a. O., S. 87, 91.

[62] Michael Theunissen, *Der Begriff Ernst bei Søren Kierkegaard,* a. a. O.

[63] Charles Taylor, *Das Unbehagen in der Moderne,* a. a. O., S. 36 (mit Bezug auf Rousseaus *Rêveries du promeneur solitaire,* Fünfter Spaziergang).

[64] Vgl. Stefano Micali, »Negative oder differenzielle Anthropologie? Eine Auseinandersetzung mit den anthropologischen Untersuchungen Theunissens aus methodologischer Sicht«, in: Thiemo Breyer u.a. (Hg.), *Interdisziplinäre Anthropologie. Leib – Geist – Kultur,* Heidelberg: Winter 2013, S. 255–285.

[65] Alice Holzhey-Kunz, *Leiden am Dasein. Die Daseinsanalyse und die Aufgabe einer Hermeneutik psychopathologischer Probleme,* Wien: Passagen ²2001.

[66] Vgl. Emil Angehrn, »Stummes und beredtes Leiden. Konstellationen der Kritik«, in: Erika Benini / Anne Eusterschulte (Hg.), *Kritik(en) des Leidens,* Berlin: Neofelis 2024, S. 45–60.

[67] Dies betont Wolfgang Blankenburg: »Psychiatrie und Philosophie«. In: Rolf Kühn / Hilarion Petzold (Hrsg.): *Psychotherapie & Philosophie. Philosophie als Psychotherapie?* Paderborn: Junfermann 1992, S. 317–314, hier S. 331 f.

[68] Alice Holzhey-Kunz, *Das Subjekt in der Kur. Über Bedingungen psychoanalytischer Psychotherapie,* Wien: Passagen 2002, S. 183 f., 191 f.

[69] Ebd., S. 192.

[70] Wolfgang Blankenburg, *Der Verlust der natürlichen Selbstverständlichkeit. Ein Beitrag zur Psychopathologie symptomarmer Schizophrenien* [Erstausgabe Stuttgart: Enke 1971], Berlin: Parodos 2012.

[71] Thomas Fuchs, »Wolfgang Blankenburg: Der Verlust der natürlichen Selbstverständlichkeit«, in: Stefan Micali / Thomas Fuchs (Hg.), *Wolfgang Blankenburg – Psychiatrie und Phänomenologie,* Schriftenreihe der DGAP Bd. 2, Freiburg/München: Alber 2014, S. 80–97, hier S. 80.

[72] Wolfgang Blankenburg, *Der Verlust der natürlichen Selbstverständlichkeit,* a. a. O., S. 108 f., 125.

[73] Ebd., S. 109.

[74] Ebd., S. 99 f., 115 f. 141 f.

[75] Ebd., S. 79.

[76] Ebd., S. 91.

[77] Martin Heidegger, *Sein und Zeit,* a. a. O., S. 220 f.

[78] Tilo Wesche, *Kierkegaard. Eine philosophische Einführung,* Stuttgart: Reclam 2003, S. 90.

[79] Ebd., S. 100, 37 ff.

[80] Michael Theunissen, *Der Begriff Verzweiflung. Korrekturen an Kierkegaard,* Frankfurt a. M.: Suhrkamp 1993, S. 20 f.

[81] Axel Honneth, *Kampf um Anerkennung,* Frankfurt a. M.: Suhrkamp 1992.

[82] Thomas Bedorf, *Verkennende Anerkennung. Über Identität und Politik*, Berlin: Suhrkamp 2010, S. 26 ff.

[83] Sigmund Freud, »Erinnern, Wiederholen und Durcharbeiten«, a. a. O.

[84] Joachim Küchenhoff, »Zu den Bedingungen und Grenzen einer (unter anderem therapeutischen) Aufhebung von Selbsttäuschung«, in: Emil Angehrn / Joachim Küchenhoff (Hg.), *Selbsttäuschung. Eine Herausforderung für Philosophie und Psychoanalyse*, Weilerswist: Velbrück Wissenschaft, 2017, S. 138–156, hier S. 153 f.

[85] Claudia Welz, »Wahrhaftigkeit zwischen *aletheia* und *emet*«, a. a. O., S. 203 ff.

[86] Jean-Jacques Rousseau, *Lettre à d'Alembert*, in: Œuvres complètes. Bibliothèque de la Pléiade t.V, Paris: Gallimard 1995, S. 1–125, hier S. 120.

[87] Simon Bunke, Katerina Mihaylova (Hg.), *Aufrichtigkeitseffekte. Signale, soziale Interaktionen und Medien im Zeitalter der Aufklärung*, Freiburg/Berlin/Wien: Rombach 2016, S. 23 f., 85 ff.

[88] Friedrich Nietzsche, *Über Wahrheit und Lüge im außermoralischen Sinne*, in: Kritische *Studienausgabe*, Bd. 1, München/Berlin/New York: dtv/de Gruyter 1980, S. 873–890, hier: S. 875 f.

[89] Vgl. Achim Geisenhanslüke, *Masken des Selbst. Aufrichtigkeit und Verstellung in der europäischen Literatur*, Darmstadt: Wissenschaftliche Buchgesellschaft 2006.

[90] Hans Blumenberg, »Ein Instinkt der Uneigentlichkeit?«, in: *Die Verführbarkeit des Philosophen*. In Verbindung mit Manfred Sommer hrsg. vom Hans Blumenberg-Archiv, Frankfurt a. M.: Suhrkamp 2000, S. 65–69, hier S. 65.

[91] Ebd., S. 65, 68.

[92] Ebd., S. 69.

[93] Vgl. Peter von Matt, *Die Intrige. Theorie und Praxis der Hinterlist*, München/Wien: Carl Hanser Verlag 2006.

[94] Friedrich Nietzsche, *Jenseits von Gut und Böse*, in: Kritische *Studienausgabe*, Bd. 5, München/Berlin/New York: dtv/de Gruyter 1980, S. 9–243, hier S. 57.

[95] Niccolo Macchiavelli, *Der Fürst*, Stuttgart: Reclam 1961, Kap. 15 und 18; vgl. Achim Geisenhanslüke, *Masken des Selbst*, a. a. O., S. 177.

[96] Simone Dietz, *Der Wert der Lüge. Über das Verhältnis von Sprache und Moral*, Paderborn: mentis 2002.

[97] Jürgen Habermas, »Der Universalitätsanspruch der Hermeneutik«, in: ders., *Kultur und Kritik*, Frankfurt a. M.: Suhrkamp 1973, S. 264–301, hier S. 28); Alfred Lorenzer, *Sprachzerstörung und Rekonstruktion. Vorarbeiten zu einer Metatheorie der Psychoanalyse*, Frankfurt a. M.: Suhrkamp 1970.

[98] Friedrich Nietzsche, *Jenseits von Gut und Böse*, a. a. O., S. 103, § 177.

[99] Vgl. Emil Angehrn, »›Erschließung des Humanen aus seiner Verleugnung und Abwesenheit‹. Zwischen methodischem und inhaltlichem Negativismus«, in: Sebastian Hüsch / Isabelle Koch / Philipp Thomas (Hg.), *Negative Knowledge*, Tübingen: Narr Francke Attempto Verlag 2020, S. 89–104.

[100] Michael Theunissen, *Das Selbst auf dem Grund der Verzweiflung. Kierkegaards negativistische Methode,* Meisenheim: Anton Hain 1991, S. 16.

[101] Plotin, *Enneaden* V 3, 13, 1; V 3, 14, 1–7.

[102] Karl Heinz Haag, *Der Fortschritt in der Philosophie,* Frankfurt a. M.: Suhrkamp 1983.

[103] Theodor W. Adorno, *Negative Dialektik,* Frankfurt a. M.: Suhrkamp 1966, S. 27.

[104] Vgl. Emil Angehrn, »Dispositive des Negativen. Grundzüge negativistischen Denkens«, in: Emil Angehrn / Joachim Küchenhoff (Hg.), *Die Arbeit des Negativen. Negativität als philosophisch-psychoanalytisches Problem,* Weilerswist: Velbrück Wissenschaft 2014, S. 13–36.

[105] Vgl. Michael Theunissen, »Negativität bei Adorno«, in: Ludwig von Friedeburg / Jürgen Habermas (Hg.), *Adorno-Konferenz 1983,* Frankfurt a. M.: Suhrkamp 1983, S. 41–65.

[106] Siehe Emil Angehrn, »Dispositive des Negativen«, a. a. O.

[107] Siehe oben 3.3.

[108] Barbara Merker, *Selbsttäuschung und Selbsterkenntnis. Zu Heideggers Transformation der Phänomenologie Husserls,* Frankfurt a. M.: Suhrkamp 1988, S. 75.

[109] Ebd., S. 165. – Merker verweist auf Aporien und Unklarheiten, die aus der zweideutigen Rede von Uneigentlichkeit und Verfallen resultieren, welche sich einerseits auf eine wesensmäßige Tendenz und Versuchung, anderseits das Ereignis des Sündenfalls bezieht: ebd., S. 122 f.

[110] Vgl. Heinz Meyer, *Alienation, Entfremdung und Selbstverwirklichung,* Hildesheim/Zürich/New York: Olms 1984, VIIf., 4 f.

[111] Jean-Paul Sartre, *L'être et le néant,* a. a. O., S. 111.

[112] Ebd., S. 108.

[113] Ebd., S. 111.

[114] Jean-Paul Sartre, »Je – Tu – Il« [Préface à *L'inachevé* d'André Puig], in: *Situations,* X, Paris : Gallimard 1970, S. 277–315, hier S. 281, 314.

[115] Ebd., S. 281, 303.

[116] Ebd., S. 314.

[117] Robert Musil, *Der Mann ohne Eigenschaften,* Hamburg: Rowohlt 1952, S. 650.

[118] Ebd., S. 650.

[119] Ebd., S. 151.

[120] Ebd., S. 16.

[121] Judith Hermann, *Wir hätten uns alles gesagt,* Frankfurt a. M.: Fischer 2023, S. 99.

[122] Ebd., S. 27.

[123] Ebd., S. 55, 100.

[124] Ebd., S. 146.

[125] Ebd., S. 7.

[126] Michel de Montaigne, *Essais*, in : Œuvres complètes, Bibliothèque de la Pléiade, Paris: Gallimard 1962, S. 3–1097, hier S. 9.

[127] Max Frisch, *Montauk*. Eine Erzählung, Frankfurt a. M.: Suhrkamp 1975, S. 5.

[128] Yves Delègue, *Montaigne et la mauvaise foi. L'écriture de la vérité*, Paris: Honoré Champion 1998, S. 7 (aus: Tristan Tzara, *Sept Manifestes Dada*).

[129] Ebd., S. 216 f.

[130] Ebd., S. 225.

[131] Jean-Paul Sartre, *L'être et le néant*, a. a. O., S. 102.

[132] Emil Angehrn, *Die Herausforderung des Negativen. Zwischen Sinnverlangen und Sinnentzug*, Basel: Schwabe 2015.

[133] Maxime Decout, *En toute mauvaise foi. Sur un paradoxe littéraire*, Paris: Les Éditions de Minuit 2015, S. 20.

[134] Vgl. Alphonse de Waelhens, *Une philosophie de l'ambiguïté. L'existentialisme de Maurice Merleau-Ponty*, Louvain: Publications universitaires de Louvain 1951.

[135] Maxime Decout, *En toute mauvaise foi*, a. a. O., S. 162 f.

[136] Barbara Merker, *Selbsttäuschung und Selbsterkenntnis*, a. a. O., S. 9 ff., 61 ff.

[137] Vgl. Emil Angehrn / Joachim Küchenhoff (Hg.), *Die Arbeit des Negativen. Negativität als philosophisch-psychoanalytisches Problem*, Weilerswist: Velbrück Wissenschaft 2014.

[138] Judith Hermann, *Wir hätten uns alles gesagt*, a. a. O., S. 127, 64.

[139] So die Charakterisierung auf dem Buchumschlag von *Montauk*, a. a. O.

[140] Vgl. Hans-Georg Gadamer, »Selbstdarstellung«, in: Gesammelte Werke, Tübingen: Mohr Siebeck 1970, Bd. 2, S. 479–508, hier S. 505; *Wahrheit und Methode*, Gesammelte Werke, a. a. O., Bd. 1, S. 299.

[141] Sigmund Freud, »Erinnern, Wiederholen und Durcharbeiten« [1914], in: Gesammelte Werke, Frankfurt a. M.: Fischer [6]1973, Band 10, S. 126–136, hier S. 132.

[142] Alice Holzhey-Kunz, *Leiden am Dasein. Die Daseinsanalyse und die Aufgabe einer Hermeneutik psychopathologischer Probleme*, Wien: Passagen [2]2001, S. 154.

[143] Nicholas Manning, *Rhétorique de la sincérité. La poésie moderne en quête d'un langage vrai*, Paris: Honoré Champion 2013, S. 13; Jacques Rivière / André Gide, *Correspondance 1909–1925*, Paris: Gallimard 1998, S. 512 (zit. nach Manning, a. a. O., S. 28).

Bibliographie

Adorno, Theodor W., *Jargon der Eigentlichkeit. Zur deutschen Ideologie,* Frankfurt a. M.: Suhrkamp 1964.

– *Negative Dialektik,* Frankfurt a. M.: Suhrkamp 1966.

Angehrn, Emil, *Geschichte und Identität,* Berlin & New York: de Gruyter 1985.

– »›Erschließung des Humanen aus seiner Verleugnung und Abwesenheit‹. Zwischen methodischem und inhaltlichem Negativismus«, in: Sebastian Hüsch / Isabelle Koch / Philipp Thomas (Hg.), *Negative Knowledge,* Tübingen: Narr Francke Attempto Verlag 2020, S. 89–104.

– »Das Vergangene, das nie gegenwärtig war: Zwischen Leidenserinnerung und Glücksversprechen«, in: Emil Angehrn / Joachim Küchenhoff (Hg.), *Das unerledigte Vergangene: Konstellationen der Erinnerung,* Weilerswist: Velbrück Wissenschaft 2015, S. 175–205.

– »Dispositive des Negativen. Grundzüge negativistischen Denkens«, in: Emil Angehrn / Joachim Küchenhoff (Hg.), *Die Arbeit des Negativen. Negativität als philosophisch-psychoanalytisches Problem,* Weilerswist: Velbrück Wissenschaft 2014, S. 13–36.

– »Selbstsein und Selbstverständigung. Zur Hermeneutik des Selbst«, in: Emil Angehrn / Joachim Küchenhoff (Hg.), *Die Vermessung der Seele. Konzepte des Selbst in Philosophie und Psychoanalyse,* Weilerswist: Velbrück Wissenschaft 2009, S. 163–183.

– *Die Frage nach dem Ursprung. Philosophie zwischen Ursprungsdenken und Ursprungskritik,* München: Fink 2007.

– *Die Herausforderung des Negativen. Zwischen Sinnverlangen und Sinnentzug,* Basel: Schwabe 2015.

– »Der Mensch in der Geschichte – Konstellationen historischer Identität«, in: Emil Angehrn / Jörg Jüttemann, *Identität und Geschichte,* Göttingen: Vandenhoeck & Ruprecht 2018, S. 7–52.

– / Küchenhoff, Joachim (Hg.), *Selbsttäuschung: Eine Herausforderung für Philosophie und Psychoanalyse,* Weilerswist: Velbrück Wissenschaft 2017.

Aristoteles, *Metaphysik,* hg. von U. Wolf, Reinbek: Rowohlt 1994.

– *Nikomachische Ethik,* hg. von U. Wolf, Reinbek: Rowohlt 2006.

Bedorf, Thomas, *Verkennende Anerkennung. Über Identität und Politik,* Berlin: Suhrkamp 2010.

Bieri, Peter, *Eine Art zu leben. Über die Vielfalt menschlicher Würde*, München: Hanser 2013.
Blumenberg, Hans, »Ein Instinkt der Uneigentlichkeit?«, in: *Die Verführbarkeit des Philosophen.* In Verbindung mit Manfred Sommer herausgegeben vom Hans Blumenberg-Archiv, Frankfurt a. M.: Suhrkamp 2000, S. 65–69.
Bollnow, Otto Friedrich, *Wesen und Wandel der Tugenden*, in: Studienausgabe in 12 Bänden, Band II, Würzburg: Königshausen & Neumann 2009.
Bunke, Simon / Katerina Mihaylova, Katerina (Hg.), *Aufrichtigkeitseffekte. Signale, soziale Interaktionen und Medien im Zeitalter der Aufklärung*, Freiburg/Berlin/Wien: Rombach 2016.
Davidson, Donald, *Inquiries into Truth and Interpretation*, Oxford: Clarendon Press 1974.
de Waelhens, Alphonse, *Une philosophie de l'ambiguïté. L'existentialisme de Maurice Merleau-Ponty*, Louvain: Publications universitaires de Louvain 1951.
Decout, Maxime, *En toute mauvaise foi. Sur un paradoxe littéraire*, Paris: Les Éditions de Minuit 2015.
Delègue, Yves, *Montaigne et la mauvaise foi. L'écriture de la vérité*, Paris: Honoré Champion 1998 (aus : Tristan Tzara, *Sept Manifestes Dada*).
Descombes, Vincent, *Die Rätsel der Identität*, Berlin: Suhrkamp 2013.
Dietz, Simone, *Der Wert der Lüge. Über das Verhältnis von Sprache und Moral*, Paderborn: mentis 2002.
Freud, Sigmund, »Erinnern, Wiederholen und Durcharbeiten« [1914], in: Gesammelte Werke, Frankfurt a. M.: Fischer [6]1973, Band 10, S. 126–136.
Frisch, Max, *Montauk*. Eine Erzählung, Frankfurt a. M.: Suhrkamp 1975.
Gadamer, Hans-Georg, »Selbstdarstellung«, in: Gesammelte Werke, Tübingen: Mohr Siebeck 1970, Bd. 2, S. 479–508.
– *Wahrheit und Methode*, Gesammelte Werke, Tübingen: Mohr Siebeck 1970, Bd. 1, S. 299.
Geisenhanslüke, Achim, *Masken des Selbst. Aufrichtigkeit und Verstellung in der europäischen Literatur*, Darmstadt: Wissenschaftliche Buchgesellschaft 2006.
Haag, Karl Heinz, *Der Fortschritt in der Philosophie*, Frankfurt a. M.: Suhrkamp 1983.
Habermas, Jürgen, »Der Universalitätsanspruch der Hermeneutik«, in: ders., *Kultur und Kritik*, Frankfurt a. M.: Suhrkamp 1973, S. 264–301.
– *Theorie des kommunikativen Handelns*, 2 Bde., Frankfurt a. M.: Suhrkamp 1981.

Hegel, Georg Wilhelm Friedrich, *Phänomenologie des Geistes,* Hamburg: Meiner [6]1955.

Heidegger, Martin, *Sein und Zeit,* Tübingen: Niemeyer [10]1963.

Hermann, Judith, *Wir hätten uns alles gesagt,* Frankfurt a. M.: Fischer 2023.

Holzhey-Kunz, Alice, *Leiden am Dasein. Die Daseinsnanalyse und die Aufgabe einer Hermeneutik psychopathologischer Probleme,* Wien: Passagen [2]2001.

Honneth, Axel, *Kampf um Anerkennung,* Frankfurt a. M.: Suhrkamp 1992.

Jaeggi, Rahel, *Entfremdung. Zur Aktualität eines sozialphilosophischen Problems,* Frankfurt a. M.: Campus 2005.

Jaspers, Karl, *Philosophie II. Existenzerhellung,* Berlin/Heidelberg/New York: Springer [4]1973.

Kant, Immanuel, »Über ein vermeintliches Recht, aus Menschenliebe zu lügen« (1797), in: Werke in zwölf Bänden, Frankfurt a. M.: Suhrkamp 1977, Band VIII.

– *Metaphysik der Sitten,* in: Werke in zwölf Bänden, Frankfurt a. M.: Suhrkamp 1977, Band VIII.

Kierkegaard, Søren, *Die Krankheit zum Tode,* Werkausgabe 1, Düsseldorf/Köln: Diederichs 1971, S. 383–553.

Küchenhoff, Joachim, »Zu den Bedingungen und Grenzen einer (unter anderem therapeutischen) Aufhebung von Selbsttäuschung«, in: Emil Angehrn / Joachim Küchenhoff (Hg.), *Selbsttäuschung. Eine Herausforderung für Philosophie und Psychoanalyse,* Weilerswist: Velbrück Wissenschaft, 2017, S. 138–156.

Lorenzer, Alfred, *Sprachzerstörung und Rekonstruktion. Vorarbeiten zu einer Metatheorie der Psychoanalyse,* Frankfurt a. M.: Suhrkamp 1970.

Macchiavelli, Niccolò, *Der Fürst,* Stuttgart: Reclam 1961.

Manning, Nicholas, *Rhétorique de la sincérité. La poésie moderne en quête d'un langage vrai,* Paris: Honoré Champion 2013.

Marx, Karl / Engels, Friedrich, *Die deutsche Ideologie,* in: Marx/Engels, Werke, Band 3, Berlin: Dietz 1969, S. 33.

Merker, Barbara, *Selbsttäuschung und Selbsterkenntnis. Zu Heideggers Transformation der Phänomenologie Husserls,* Frankfurt a. M.: Suhrkamp 1988.

Meyer, Heinz, *Alienation, Entfremdung und Selbstverwirklichung,* Hildesheim/Zürich/New York: Olms 1984.

Montaigne, Michel de, *Essais,* in : Œuvres complètes, Bibliothèque de la Pléiade, Paris: Gallimard 1962, S. 3–1097.

Musil, Robert, *Der Mann ohne Eigenschaften,* Hamburg: Rowohlt 1952.

Natorp, Paul, *Sozialpädagogik. Theorie der Willenserziehung auf der Grundlage der Gemeinschaft,* Stuttgart: Frommann (1899) ²1904.
Nietzsche, Friedrich, *Jenseits von Gut und Böse,* in: Kritische *Studienausgabe,* Bd. 5, München/Berlin/New York: dtv/de Gruyter 1980, S. 9–243.
– *Über Wahrheit und Lüge im außermoralischen Sinne,* in: Kritische *Studienausgabe,* Bd. 1, München/Berlin/New York: dtv/de Gruyter 1980, S. 873–890.
– *Zur Genealogie der Moral,* in: Kritische *Studienausgabe,* Bd. 5, München/Berlin/New York: dtv/de Gruyter 1980, S. 245–412.
von Matt, Peter, *Die Intrige. Theorie und Praxis der Hinterlist,* München/Wien: Carl Hanser Verlag 2006.
Platon, *Politeia,* Werke in acht Bänden, gr.-dt., Band IV, Darmstadt: Wissenschaftliche Buchgesellschaft, 1971.
Plotin, *Enneaden*, Studienausgabe gr.-dt., Hamburg: Meiner 1990.
Ricœur, Paul, *De l'interprétation. Essai sur Freud,* Paris: Gallimard 1965.
– *Le conflit des interprétations. Essais d'herméneutique,* Paris: Gallimard 1969.
– *Temps et récit*, Tome I, Paris: Seuil 1983.
– *Soi-même comme un autre*, Paris: Seuil 1990.
– *Parcours de la reconnaissance.* Trois études, Paris: Editions Stock 2004.
Rivière, Jacques / Gide, André, *Correspondance 1909–1925,* Paris: Gallimard 1998.
Rorty, Richard, »Freud und die moralische Reflexion«, in: ders., *Solidarität oder Objektivität? Drei philosophische Essays,* Stuttgart 1988, S. 38–81.
Rousseau, Jean-Jacques, *Lettre à d'Alembert*, in: Œuvres complètes. Bibliothèque de la Pléiade t.V, Paris: Gallimard 1995, S. 1–125.
Sailer-Wlasits, Paul, *Eigentlichkeit. Philosophische Besichtigungen zwischen Metapher, Zeugenschaft und Wahrsprechen.* Ein Essay, Würzburg: Königshausen & Neumann 2020.
Sartre, Jean-Paul, « Je – Tu – Il » [Préface à *L'inachevé* d'André Puig], in : *Situations,* X, Paris: Gallimard 1970, S. 277–315.
– *L'être et le néant,* Paris: Gallimard 1943.
Schmitz, Hermann, *selbst sein. Über Identität, Subjektivität und Personalität,* Freiburg/München: Alber 2015.
Taylor, Charles, *Das Unbehagen in der Moderne,* Frankfurt a. M.: Suhrkamp 1995.
– *Quellen des Selbst. Die Entstehung der neuzeitlichen Identität,* Frankfurt a. M.: Suhrkamp 1996.
Theunissen, Michael, »Negativität bei Adorno«, in: Ludwig von Friede-

burg / Jürgen Habermas (Hg.), *Adorno-Konferenz 1983*, Frankfurt a. M.: Suhrkamp 1983, S. 41–65.

- *Das Selbst auf dem Grund der Verzweiflung. Kierkegaards negativistische Methode,* Meisenheim: Anton Hain 1991.
- *Der Begriff Ernst bei Søren Kierkegaard,* Freiburg/München: Alber 1958.
- *Der Begriff Verzweiflung. Korrekturen an Kierkegaard,* Frankfurt a. M.: Suhrkamp 1993.

Trilling, Lionel, Das Ende der Aufrichtigkeit, München: Hanser 1980/ Wien: Ullstein 1983 (engl.: *Sincerity and Authenticity,* Cambridge, Massachusetts: Harvard University Press 1972).

Welz, Claudia, »Wahrhaftigkeit zwischen *aletheia* und *emet*: Kierkegaards Existenzdenken, Heideggers Ontologie und Bubers Dialogphilosophie«, in: Hermeneutische Blätter 24/1, 2018: *Wahrhaftigkeit,* Institut für Hermeneutik und Religionsphilosophie. Theologische Fakultät Zürich, S. 200–215.

Wesche, Tilo, *Kierkegaard. Eine philosophische Einführung,* Stuttgart: Reclam 2003.

Wiesinger, Christoph, *Authentizität. Eine phänomenologische Annäherung an eine praktisch-theologische Herausforderung,* Tübingen: Mohr Siebeck 2019.

Williams, Bernard, *Der Wert der Wahrheit,* Wien: Passagen 1996.

Namenregister